l’ Argent Futé

L’ ARGENT FUTÉ 1

F. Deceunynck

Editions H.B.H.

L'argent futé 1
Un ouvrage des Editions H.B.H. (Het Bronzen Huis)
Deceunynck Frida

Titre original: Geldwijzer 1
Traduction: Marie-Françoise Dispa

Illustrations: Eva Haentjens
Couverture: Herman Houbrechts
Typographie: Aksent/Johan Buijs

Editeur responsable: Het Bronzen Huis
Victor Frislei 53, 2900 Schoten

Dépôt légal: D/1997/7658/2
ISBN 9075756038
CIP Bibliothèque Royale Albert 1er
NUGI 682

PARTIE 1:
ECONOMISEZ VOTRE ARGENT

PARTIE 2:
INVESTISSEZ INTELLIGEMMENT

PARTIE 3:
VOTRE ARGENT ET LE FISC

PARTIE 4:
EMPRUNTER A MOINDRES FRAIS

annexes

- - - *Conseil n°1*
Cherchez une banque bon marché.

Croyez-le ou non: "payer" peut vous coûter cher. D'après une enquête récente de Test-Achats, la plupart des gens dépensent de 2.000 à 3.000 francs par an, selon la banque qui bénéficie de leur clientèle, pour l'utilisation d'un ***compte à vue***. Quelques banques, toutefois, pratiquent des tarifs plus intéressants, la palme revenant à Argenta, où le consommateur moyen ne paie que 572 francs par an. La Kredietbank et Anhyp, par contre, sont plus chères que la banque "moyenne", puisque, d'après la même enquête, le client doit y débourser plus de 3.000 francs pour se servir de son compte à vue. Encore ce montant n'englobe-t-il que les frais que vous payez à votre banque. La plupart des banques imputent en effet des frais pour la gestion d'un compte à vue (de 200 à 240 francs), la possession d'une ***carte de paiement*** (de 165 à 250 francs sans la garantie Eurochèque, de 465 à 700 francs avec cette garantie), l'émission de chèques (de 3 à 10 francs par chèque), l'exécution de virements et d'autres opérations de paiement (de 3 à 5 francs par opération) et l'envoi de vos extraits de compte à votre domicile (832 francs ou les frais de port réels).
Cette énumération est loin de couvrir tous les "frais financiers". Il faut y ajouter les 5 francs de supplément qui vous

sont comptés lorsque vous réglez vos achats avec votre carte Bancontact ou Mister Cash. Même votre ***carte de crédit*** vous coûte de l'argent. Non seulement un coût fixe de quelque 800 francs vous est imputé chaque année pour une carte normale (si vous optez pour une carte Golden avec service supplémentaire, le coût annuel peut être multiplié par 5), mais il n'est pas rare qu'un commerçant majore votre note de quelques pourcents, vous prive d'une remise ou refuse d'indiquer l'achat sur votre carte de client parce que vous demandez à payer avec une carte de ce genre.

Dans la plupart des banques, **le compte à vue** est connu sous un autre nom (par exemple compte universel, multicompte, etc.) Mais, quel que soit son nom, il s'agit du compte bancaire ordinaire sur lequel vous faites verser votre salaire, à partir duquel vous pouvez émettre des chèques et effectuer des virements, domiciliations et autres paiements automatiques, auquel sont couplées vos cartes de paiement et de crédit, etc. Bref, le compte que vous utilisez quotidiennement pour vos entrées et sorties d'argent.

Dans notre pays, la **carte de paiement** la plus connue est incontestablement la carte Bancontact/Mister Cash. Cette carte vous permet d'effectuer des paiements, mais pas d'obtenir un crédit. En principe, l'argent quitte votre compte immédiatement après le paiement. Mais, en réalité, il peut s'écouler quelques jours avant que ledit paiement n'apparaisse sur votre extrait de compte.

Avec une **carte de crédit**, vous pouvez également effectuer des paiements, mais l'argent n'est pas immédiatement prélevé de votre compte. Tous les paiements du mois sont regroupés et acquittés à date fixe. Pendant un maximum d'un mois, vous bénéficiez donc d'un crédit gratuit. (Voir aussi Conseil n° 50.)

Et nous n'avons pas encore parlé des frais entraînés par des opérations moins courantes. Quelques exemples. Vous avez perdu un extrait de compte et vous en demandez une photocopie à votre banque: le tarif usuel est de 200 à 300 francs. Vous faites opposition à un chèque qui vous a été volé: dans certaines banques, il vous en coûtera jusqu'à 1.000 francs. En voyage, vous utilisez votre carte de crédit pour retirer de l'argent à un distributeur automatique: le coût est de 100 francs minimum par retrait et peut – en fonction du montant – atteindre plusieurs centaines de francs. Vous faites virer un montant sur un compte étranger: selon le pays de destination, l'importance de la somme et la banque qui effectue le virement, cette opération vous coûte de 150 à 1.000 francs.

Economiser sur les frais financiers

Avec des frais de 3.000 à 5.000 francs par an, soit quelque 10.000 francs pour un ménage disposant de deux comptes à vue, payer par l'intermédiaire d'un compte bancaire est donc nettement plus onéreux qu'il n'y paraît. Heureusement, rien ne vous empêche de faire des économies non négligeables. En vous mettant en quête d'une banque bon marché, par exemple. Car certaines banques sont nettement moins exigeantes que d'autres.
Si vous souhaitez réduire les frais réclamés par la plupart des banques pour la tenue d'un compte à vue (de 200 à 240 francs) et l'exécution d'opérations financières (généralement 150 francs pour les 48 premières opérations, puis 5 francs par opération), mettez-vous à la recherche d'une banque bon marché. Dans certaines banques, en effet, ces frais ne sont pas imputés au client. D'où une économie d'au moins 350 francs par an. Parmi ces banques "bon marché", citons l'Algemeen Beroepskrediet, l'Antwerps Beroepskrediet, Argenta, la Caisse Nationale de Crédit Professionnel, Eural Unispar, l'Europabank, la Mauretus Spaarbank, la VDK-Spaarbank et Westkrediet.
Argenta et l'Antwerps Beroepskrediet ont même une longueur d'avance, puisque la carte de paiement y est gratuite. Dans les autres banques, cette carte coûte de 165 à 250 francs sans la garantie Eurochèque et de 465 à 700 francs avec cette garantie. Au Postchèque, le compte à vue et les opérations de paiement qui en dépendent sont également gratuites, mais la carte de paiement Postomat coûte 360 francs.

Dans une deuxième catégorie de banques bon marché, qui inclut notamment Assubel Banque d'Epargne, la Bank J. van

Breda & Cie, la Banque Commerciale de Bruxelles, la Banque du Crédit Liégeois, Citibank, le Crédit Professionnel des Cantons de l'Est, la Gesbanque, HBK, HSA, la SNCI et Spaarkrediet, vos opérations financières ne sont pas non plus tarifées (ni forfaitairement ni par opération), mais vous devez, pour conserver votre compte à vue, acquitter des frais de gestion annuels (de 200 à 240 francs).

Conclure de ce qui précède que vous avez intérêt à passer dès que possible à une institution financière de la première catégorie serait toutefois prématuré, ce changement pouvant entraîner pour vous la perte d'autres avantages. Pensez par exemple à la remise dont vous bénéficiez, en tant que client fidèle, sur votre crédit hypothécaire, aux multiples variétés de placements qui vous sont proposées, à la possibilité d'effectuer vous-même vos opérations (gratuitement) à l'aide de votre PC ou de votre téléphone ou bien à un guichet électronique (voir aussi Conseil n° 2), à la faculté de faire imprimer gratuitement vos extraits au moment qui vous convient le mieux, au plus grand nombre d'agences, etc. A elle seule, la tarification n'est donc pas un critère déterminant dans le choix d'une banque. Ne changez d'institution financière que si la nouvelle a tout pour vous plaire. Sinon, rien ne vous empêche d'ouvrir, en plus de votre premier compte à vue, un deuxième compte (gratuit) dans une autre banque. Vous pourrez ainsi effectuer un maximum d'opérations par l'intermédiaire de votre compte gratuit, sans pour autant retirer votre clientèle à votre première banque. Et, si vous arrivez à persuader chacune de vos deux banques que vous êtes un client fidèle, le jeu peut en valoir la chandelle...

Un autre élément à prendre en considération lorsque vous envisagez de changer de banque est (du moins dans la plupart des banques) le coût de clôture d'un compte. Dans certaines institutions, il peut atteindre de 300 à 500 francs. D'un autre côté, le maintien d'un compte entraîne également des frais, sous la forme du coût de gestion annuel et du forfait pour les 48 premières opérations. Et ces frais se représentent chaque année. Un compte dormant, qui ne vous sert plus à rien, ne présente donc aucun intérêt.

Conseil n° 2
Effectuez vous-même vos opérations bancaires.

Vos opérations bancaires peuvent vous coûter pas mal d'argent (voir aussi Conseil n° 1). Dans la plupart des institutions financières, chaque fois que vous faites exécuter un virement, que vous émettez un chèque ou que vous retirez de l'argent à un guichet bancaire, vous devez débourser. Pour les 48 premières opérations, vous payez ordinairement un forfait de 150 francs, soit environ 3 francs par opération. Un forfait plus élevé est prévu par Paribas (250 francs) et la Kredietbank (181 francs). Pour ses bons clients, toutefois, la Kredietbank étale ce coût sur les 98 ou 148 premières opérations. Mais l'inconvénient de ce forfait est que vous devez le payer, même si vous n'effectuez pas la moindre opération dans le courant de l'année. Une fois votre forfait "épuisé", vous payez en principe 5 francs par opération. Pour l'émission de chèques, certaines banques appliquent un tarif majoré de 10 francs.

Le self-banking

Un certain nombre de banques effectuent ces opérations gratuitement (voir Conseil n° 1), mais ce n'est pas le cas des ***grandes banques*** belges, qui les tarifent sans exception. Même dans ces institutions, cependant, vous avez la possibilité de réduire les frais. Les opérations bancaires que vous effectuez personnellement, à une ***self-bank électronique***, ne sont généralement pas tarifées. Parmi les grandes banques, la Générale de Banque est la seule à ne pas disposer de guichets de self-banking.

Notre pays compte sept **grandes banques**, également appelées les sept soeurs. Ce sont la Bacob, la BBL, Cera, la CGER, le Crédit Communal, la Générale de Banque et la Kredietbank.

Une **self-bank électronique**, installée par la plupart des banques dans le hall d'entrée des agences locales, vous permet d'effectuer vous-même vos opérations bancaires. Il vous suffit de disposer d'une carte Bancontact/Mister Cash avec un code secret. Introduire des opérations via une self-bank est d'une grande simplicité.

Par l'intermédiaire de ces self-banks électroniques, vous pouvez aussi comprimer sérieusement les frais relatifs à vos extraits de compte. Si vous tenez à recevoir vos extraits à votre domicile, il vous en coûte, dans la plupart des institutions bancaires, 832 francs par an pour un envoi hebdomadaire. Pour un envoi quotidien, les frais de port supplémentaires sont à votre charge. Par contre, si vous imprimez vos extraits vous-même à un guichet électronique ou de self-bank, vous n'avez rien à payer. De même, dans la plupart des banques, les extraits sont gratuits si vous les retirez en personne au guichet de l'agence. Mais cette formule suppose évidemment que vous puissiez vous libérer pendant les heures de bureau. En outre, depuis le 1er octobre 1995, la Kredietbank est, des sept grandes banques, la première à demander une indemnité pour garder la correspondance à l'agence. Pour le client de la KB, la seule manière d'obtenir gratuitement ses extraits est désormais de les faire imprimer à un guichet automatique. La plupart des petites institutions bancaires ne disposent pas d'un guichet automatique pour le retrait des extraits de compte. De ce fait, vous êtes tenu de les faire envoyer chez vous (et de payer ce service), ou bien de les retirer au guichet de votre agence pendant les heures de bureau.

Le phone-banking

Pour effectuer gratuitement vos opérations bancaires, vous pouvez aussi utiliser votre téléphone. Rien de tel pour régler vos affaires bancaires simples de chez vous, confortablement installé dans un fauteuil. Le sens à donner à ces “affaires simples” varie légèrement d’une banque à l’autre, mais, en gros, les opérations possibles sont partout les mêmes: demandes d’états de compte et d’un récapitulatif des dernières opérations, virements, demande d’information sur les cours du change, les taux d’intérêt, les produits bancaires, etc. D’autres possibilités courantes sont l’introduction d’ordres permanents, l’épargne automatique, les domiciliations et l’exécution de virements à échéance. Certaines télébanques vous permettent également de commander des chèques et des formules de virement.

Le **phone-banking** consiste à transmettre des opérations bancaires par téléphone. La plupart des banques ne disposent que d'un système de phone-banking électronique, exclusivement conçu pour transmettre des opérations via les touches de l'appareil téléphonique. Mais, à la BBL, la Générale de Banque et la Citibank, le système de phone-banking vous permet d'entrer en communication avec des êtres de chair et de sang, et donc de régler par téléphone des transactions plus complexes, notamment des placements, des emprunts, etc.

Toute banque qui espère survivre au siècle prochain a d’ores et déjà mis sur pied un système de phone-banking – ou est en train d’y travailler. Non seulement dans les sept grandes banques mais aussi dans toute une série d’autres institutions, comme Anhyp, la Bank Van Roeselare, la CGER, Spaarkrediet, Codep, la Citibank, etc., le phone-banking est devenu un must. C’est d’ailleurs un véritable jeu d’enfant: formez le numéro d’appel de la banque et une voix amicale vous pilote à travers le reste du programme. Même pour les profanes qui ne comprennent rien aux affaires bancaires, l’erreur est presque impossible.

En outre, la sécurité des systèmes de phone-banking est satisfaisante. Pour éviter les abus, tout utilisateur du phone-banking se voit attribuer un code secret personnel, qu’il doit introduire lorsqu’il appelle sa télébanque. Si vous avez des raisons de croire que quelqu’un a découvert votre code secret, vous pouvez le modifier immédiatement. Une autre mesure de sécurité appliquée par quelques banques est le "mécanisme de rappel automatique". Quelques minutes après la communication, le client est rappelé et invité à confirmer la transaction. En pratique, cependant, ce système semble présenter certains inconvénients. Bon nombre de gens appellent en effet leur télébanque de leur bureau. Mais le système les rappelle à leur numéro privé et, comme il ne reçoit pas de réponse, l'opération est annulée. En guise de protection supplémentaire, les virements sur des comptes extérieurs sont plafonnés. Ces plafonds, qui varient d'une institution à l'autre, oscillent entre 50.000 et 100.000 francs par transaction et par semaine, ce qui suffit largement à la plupart des particuliers, mais laisse quelque peu à désirer sous l'angle de la sécurité. Voir disparaître de 50.000 à 100.000 francs de son compte courant n'a rien d'une bagatelle! Ces systèmes de sécurité paraissent cependant offrir des garanties suffisantes. Les contestations relatives aux transactions de phone-banking sont rares, voire inexistantes, que ce soit dans les banques elles-mêmes ou auprès de l'ombudsman des banques (voir aussi Conseil n° 6).

Bien que les opérations transmises par l'intermédiaire du réseau de phone-banking soient exécutées gratuitement par toutes les banques, il ne faut pas en déduire que le phone-banking est entièrement gratuit. Vous devez payer vous même les frais des communications téléphoniques à Belgacom. Cependant, comme la plupart des institutions de crédit disposent de centrales de phone-banking dans plusieurs zones téléphoniques, la plupart des clients peuvent joindre leur télébanque par un appel zonal, et donc à peu de frais. C'est dire qu'il serait absurde de renoncer à ce système par crainte de ce qu'il pourrait vous coûter. En roulant dans votre voiture jusqu'à la self-bank la plus proche, vous dépenserez au moins autant en essence. Et beaucoup plus en temps.

Conseil n° 3
Attention aux chèques et aux cartes de paiement.

Les chèques: coûteux et dangereux

Bien que l'usage des chèques ait fortement régressé dans notre pays au cours des dernières années, rares sont ceux d'entre nous qui n'ont pas de carnet de chèques sous la main. Car, en cas de dépenses inattendues, le chèque reste un mode de paiement très pratique. Comme tel, malheureusement, il est aussi très coûteux. Chaque fois que vous émettez un chèque, vous payez cinq (parfois même dix) francs de supplément en guise de commission de traitement à la banque (certaines institutions ne vous comptent cependant pas cet extra, voir aussi Conseil n° 1). Si vous tenez en outre à garantir vos chèques, vous devez disposer d'une carte de garantie Eurochèque, dont vous devez inscrire le numéro au dos de chacun des chèques que vous émettez. Or, cette carte est loin d'être gratuite: selon la banque, elle coûte de 300 à 450 francs par an. Vous pouvez aussi faire ajouter la fonction de garantie Eurochèque sur votre carte Bancontact/Mister Cash, mais cela ne vous coûtera pas moins cher.

De plus, s'il vous arrive d'égarer un ou plusieurs chèques ou de vous les faire voler, la note risque d'être salée. Faire opposition au paiement d'un chèque perdu (c'est-à-dire, en langage courant, faire "bloquer" un chèque) peut en effet coûter cher: 1.000 francs au Crédit Communal et chez IPPA, et 100 francs chez BACOB. Dans la plupart des autres institutions financières, ce service est gratuit. Mais, – et ce n'est pas le moindre inconvénient de la situation, – les abus restent possibles, même après le blocage des chèques. Que vous ayez fait opposition ou non, tout chèque perdu peut être payé jusqu'à concurrence de 7.000 francs. Et ce, même si vos chèques ont disparu sans la carte de garantie Eurochèque, beaucoup de voleurs faisant preuve d'un véritable génie dans la contrefaçon de ces cartes. Pour peu que les commerçants se laissent induire en erreur, tout chèque garanti, fût-ce avec une fausse carte, est dûment payé.

Toutes les banques contractent pour leurs clients une **assurance-chèques**, qui intervient lorsqu'un détenteur de chèques subit un préjudice en raison de l'usage abusif de ses chèques par un tiers. Mais cette assurance prévoit un si grand nombre d'exceptions que beaucoup de dupes ne peuvent espérer aucune indemnisation.

N'en déduisez pas qu'il est superflu de faire bloquer les chèques volés. Tout au contraire, faire bloquer vos chèques, c'est-à-dire, en jargon bancaire, "faire opposition à leur paiement", est la première démarche qui s'impose en cas de perte. La plupart des banques bénéficient en effet d'une ***assurance-chèques***, contractée dans le but d'indemniser ceux de leurs clients qui auraient subi un préjudice en raison d'un usage abusif de leurs chèques. Et, pour pouvoir bénéficier de cette indemnisation, vous devez avoir fait opposition au paiement de vos chèques. Toutefois, cette assurance prévoit toute une série d'exceptions. Si, comme détenteur des chèques, vous pouvez être accusé d'imprudence dans leur utilisation, tout dédommagement est exclu. Ce sera notamment le cas si vous avez emporté trop de chèques à la fois ou rangé vos chèques avec votre carte de garantie. Laisser des chèques dans une voiture – même fermée – constitue également une négligence grave. En pareil cas, aucune compagnie d'assurances ne consentira à vous indemniser. En plus d'être un moyen de paiement particulièrement dispendieux, les chèques n'offrent donc qu'une sécurité toute relative, et ce défaut peut vous coûter cher! Si commodes soient-ils, mieux vaut donc en limiter l'usage. Si votre famille possède plusieurs comptes à vue, ne demandez des chèques et une carte de garantie Eurochèque que sur un seul de ces comptes. En règle générale, il suffit qu'un seul membre de la famille dispose de quelques chèques (conservés à domicile) pour les cas d'urgence. C'est le meilleur moyen de réduire les risques de perte et de vol, tout en économisant les frais d'une deuxième carte de garantie.

Comme son nom l'indique, une **carte de paiement** vous permet d'effectuer des règlements. Dans notre pays, la plus connue est la carte Bancontact/Mister Cash. Cette carte est protégée contre les abus par un numéro de code secret, qui n'est communiqué qu'à son propriétaire. Si vous ne confiez ce numéro à personne, aucun abus n'est à craindre.

Avec une **carte de crédit**, vous pouvez également effectuer des paiements, tout en bénéficiant d'un crédit gratuit pendant un maximum d'un mois (voir aussi Conseil n° 50). Sur le plan de la sécurité, la carte de crédit est mieux cotée que les chèques, mais moins bien que la carte Bancontact/Mister Cash. Si vous constatez la perte de votre carte, contactez immédiatement Cardstop au numéro 070/34.43.44. Dès ce moment, vous ne pouvez plus être tenu pour responsable de l'usage abusif de votre carte. Par contre, les abus commis avant la notification peuvent être mis à votre charge.

Cartes de paiement et de crédit

Beaucoup plus sûre qu'un carnet de chèques, une ***carte de paiement*** ne s'obtient pas pour autant sans frais. Selon la banque, elle coûte de 165 à 250 francs (bien que certaines banques la proposent gratuitement). Ce qui, à première vue, n'a rien d'excessif pour une carte aussi pratique, dont vous ne voudriez probablement pas vous passer. L'ennui, c'est que la majorité des supermarchés, ainsi d'ailleurs que pas mal de petits commerçants, vous comptent 5 francs de supplément chaque fois que vous réglez avec votre carte. Dans les stations-service, par contre, l'utilisation de la carte est toujours gratuite. Mais, l'un dans l'autre, cette tarification peut se révéler coûteuse: deux paiements hebdomadaires avec votre carte au supermarché, plus des paiements ponctuels à la pharmacie, au magasin de jouets ou de chaussures, chez le fleuriste, à l'agence de voyages, chez le coiffeur, etc. Pour les fervents de ce mode de règlement, la note annuelle peut varier de 500 à 800 francs. Avec un peu de prévoyance, pourtant, vous pouvez réaliser des économies substantielles. Passez au distributeur automatique avant d'aller au supermarché et retirez-y la somme dont vous croyez avoir besoin. Vous vous protégerez ainsi contre les achats d'impulsion, que vous regrettez presque toujours par après.

Le même scénario s'applique aux ***cartes de crédit*** ordinaires. Par an, une carte standard vous coûte quelque 800 francs. Si vous préférez une carte prestige (Golden), à laquelle sont attachés des services supplémentaires, comme par exemple une assistance voyage, vous la paierez plus du double. Et certaines cartes qui assurent des services très diversifiés peuvent vous coûter jusqu'à cinq fois plus. Dans les restaurants, une carte de crédit est utilisable sans frais. Mais, dans nombre de magasins, elle n'est acceptée qu'avec réticence: pas de carte de crédit si vous voulez profiter des soldes, pas de remise quand vous payez avec votre carte, rien sur votre carte de client si vous utilisez votre carte de crédit... autant de pratiques courantes. Même dans les agences de voyages, payer avec une carte de crédit peut entraîner des frais supplémentaires. De ce fait, l'assurance accidents de voyage dont vous bénéficiez quand vous payez le voyage avec votre carte de crédit (voir aussi Conseil n° 8) peut être moins "gratuite" qu'il n'y paraît.

Pour éviter des frais excessifs, efforcez-vous donc de n'utiliser vos cartes de crédit et de paiement que lorsqu'aucun supplément n'y est rattaché ou qu'il vous est impossible de faire autrement. Sinon, mieux vaut payer à l'ancienne, avec de banals billets de banque...

Conseil n° 4
Dans le rouge... combien ça coûte?

Un compte à vue, c'est fait pour s'en servir. Vous y faites verser votre salaire, vous effectuez des paiements, etc. De sorte qu'il peut vous arriver de faire une petite incursion "dans le rouge". Est-il besoin de préciser que cette facilité n'est pas gratuite? Les ***intérêts débiteurs***, c'est-à-dire, dans le jargon des banquiers, les intérêts que vous devez payer lorsque vous descendez au-dessous de zéro, oscillent généralement entre 15 et 20 pourcents. Car, bien que les taux d'intérêt aient baissé, les banques continuent à pratiquer des tarifs élevés.

Les **intérêts débiteurs** sont les intérêts que vous payez losque vous descendez "dans le rouge".

Exemple chiffré

Calculons ensemble combien il vous en coûte de rester 5 jours durant à 20.000 francs "sous zéro", avec des intérêts débiteurs de 15 pourcents. Pour simplifier, imaginez-vous que vous êtes resté à 20.000 francs "sous zéro" pendant une année entière. Vous devriez alors payer 15% x 20.000 francs d'intérêt, soit 3.000 francs (20.000 francs x 0,15). Mais, puisque vous n'avez été "en rouge" que pendant 5 jours, vous

La **date-valeur** d'un versement est le jour où la banque prend effectivement votre versement en compte pour le calcul des intérêts. Dans la plupart des banques, elle se situe un jour ouvrable après le versement effectif. Pour les retraits, la date-valeur est généralement le dernier jour ouvrable avant le retrait.

Le **taux créditeur** est le taux dont vous bénéficiez sur les sommes portées à votre crédit sur votre compte à vue.

devez diviser ces 3.000 francs par 360 jours (pour une raison mystérieuse, les banques se basent sur des années de 360 jours), puis multiplier le résultat par 5 (jours), soit 41 francs d'intérêt.

Même si vous ne descendez jamais "dans le rouge", d'ailleurs, vous pouvez être amené à payer des intérêts débiteurs, en raison des ***dates-valeur*** utilisées par les banques. Lorsque vous versez de l'argent sur votre compte à vue, il ne commence à produire des intérêts qu'à partir du jour ouvrable suivant. A l'inverse, l'argent que vous prélevez sur votre compte ne vous rapporte plus rien à partir du jour ouvrable précédant le retrait. C'est le système pratiqué par la plupart des banques. Si donc vous versez, sur un "compte vide", de l'argent que vous virez le jour même sur un autre compte, la banque considère que vous êtes resté "en rouge" pendant deux jours.
A cela s'ajoute que, sur un compte à vue, il existe une grande différence entre le taux débiteur et le ***taux créditeur***. Dans la plupart des banques, en effet, l'argent qui se trouve sur votre compte à vue ne rapporte que 0,5 pourcent par an. Mais si, sur ce même compte, vous descendez en-dessous de zéro, vous payez 15 à 20 pourcents par an. Tout bien considéré, le recours aux dates-valeur peut donc vous coûter cher, même si vous vous n'êtes jamais réellement en négatif.

Un exemple. Le mercredi 12 mars, vous descendez de 20.000 francs en-dessous de zéro, mais vous versez également 20.000 francs sur votre compte. Pour la banque, votre découvert date du 11 mars et vous ne l'avez apuré que le 13 mars. Ces deux jours "dans le rouge" vous coûtent donc quelque 17 francs d'intérêt. Encore ce procédé ne prêterait-il guère à conséquence si le taux créditeur dont vous bénéficiez sur un solde positif équivalait au taux débiteur. Dans ce cas, en effet, il vous suffirait de laisser le solde positif de 20.000 francs sur votre compte pendant deux jours pour récupérer vos 17 francs. Mais en fait, dans la plupart des banques, vous n'obtenez que 0,5 pourcent d'intérêt sur un solde positif. Un solde positif de 20.000 francs qui reste sur votre compte pendant deux jours ne vous rapporte donc que 55 centimes. Les 17 francs d'intérêt prélevés par la banque, vous ne les regagnerez qu'en vous abstenant de toucher au solde de 20.000 francs pendant 31 jours. Et, dans cet exemple, vous n'avez pas été un seul jour "sous zéro". Si vous descendez effectivement "dans le rouge" quelques jours par-ci par-là, vos frais n'en seront que plus élevés.

Pour peu que vous teniez compte de cette pratique bancaire, cependant, il est possible de limiter, dans une certaine mesure, les frais qui en découlent. Si vous versez de l'argent dans l'intention de le virer à un autre compte, mieux vaut différer cette opération de quelques jours. Complétez la date mémo sur la formule et la banque saura quand exécuter le virement. Même si vous effectuez la transaction personnellement, à un guichet électronique ou par téléphone, vous pouvez introduire une date mémo.

Au jeu des dates-valeurs, certaines banques se montrent plus honnêtes que l'ensemble du secteur bancaire belge. Chez Argenta, à la Banque Commerciale de Bruxelles, à la Citibank et au Postchèque, votre argent rapporte dès le jour où vous le versez sur votre compte et jusqu'au jour où vous l'en retirez. De même, en matière de taux créditeur, un certain nombre de banques se montrent plus généreuses que la plupart de leurs consœurs. Argenta, la Bankunie, la Banque Commerciale de Bruxelles, Cera, la Citibank, Codep, l'Europabank et le Postchèque accordent généralement un taux créditeur supérieur à 0,5 pourcent. Quelques autres banques appliquent un taux plus élevé quand le solde moyen figurant sur le compte est de 25.000 ou de 50.000 francs.

Conseil n° 5
Encaissez vos intérêts à temps!

Conserver bons de caisse et obligations dans un coffre présente un grand avantage: le fisc en ignore tout. Mais le revers de la médaille, c'est que vous devez garder en mémoire les échéances de vos placements et les dates de paiement de vos **coupons**. Si vous oubliez de vous rendre à la banque en temps utile pour encaisser lesdits coupons, en effet, cette distraction risque de vous coûter cher.

Voyez plutôt l'exemple suivant. Madame X possède un paquet de bons de caisse d'une valeur de 500.000 francs. La date de paiement des coupons est le 10 juillet et leur taux d'intérêt s'élève à 7 pourcents net. Par ailleurs, elle possède un deuxième paquet de bons de caisse d'une valeur de 250.000 francs, avec un coupon de 6,5 pourcents net, dont l'échéance est le 10 octobre. Ces bons de caisse atteignent cette année leur échéance finale. Enfin, elle possède un troisième paquet d'une valeur de 250.000 francs, auquel est encore attaché un coupon de 9 pourcents. La date de paiement du coupon est le 10 novembre. Pour ne pas se com-

Donner des titres **en dépôt à découvert (certaines banques parlent de "mettre en dépôt", "ouvrir un dossier" ou "placer sur un compte de titres")**, c'est en confier la gestion administrative à la banque. La banque détache les coupons et les encaisse pour vous, vous demande en temps utile comment vous souhaitez réinvestir vos fonds et vous tient au courant des remboursements anticipés, échanges de titres et augmentations de capital qui vous concernent. Ce service est cependant payant, sauf si vous ne donnez en dépôt que des titres émis par la banque elle-même.

pliquer la vie et parce qu'elle a d'autres soucis en tête, elle perçoit conjointement, le 10 décembre, tous les intérêts et le capital des bons de caisse échus. Et, ce même jour, elle réinvestit immédiatement les fonds ainsi libérés.

Ce scénario n'a rien d'irréaliste. Bon nombre d'investisseurs regroupent leurs encaissements de coupons, que ce soit par paresse, par négligence ou parce que les dates de paiement leur sont sorties de l'esprit. Mais, en choisissant la facilité, ils se condamnent à perdre de l'argent. Ainsi, en ne replaçant pas coupons et capitaux dès l'échéance, la Madame X de notre exemple a perdu l'occasion de réaliser quelque 2.600 francs d'intérêt! C'est dire qu'à l'avenir, elle ferait mieux de tenir ses échéances à l'œil!

Dépôt à découvert

Mais il existe aussi une autre solution, qui peut lui épargner pas mal de travail. Madame X peut laisser ses bons de caisse ***en dépôt à découvert*** (ou, selon une expression courante, les "placer ***sur un compte de titres***") à la banque où elle les a achetés. Cela signifie que la banque conserve les titres et, à l'échéance, encaisse automatiquement intérêts et capitaux, afin qu'ils puissent être immédiatement réinvestis. Pour les produits de placement de la banque elle-même (bons de caisse propres, fonds de placement, sicav, bevek), ce service est assuré gratuitement. Par contre, ***donner*** des titres étrangers (actions, bons d'Etat, euro-obligations etc.) ***en dépôt*** entraîne des frais. La plupart des banques et sociétés de Bourse imputent annuellement quelque 0,2 pourcent du capital investi, majoré, le cas échéant, d'un coût fixe d'une centaine de francs par genre de titre. Si Madame X avait un portefeuille d'obligations d'un million, consistant en trois emprunts obligataires différents, confiés à la banque en dépôt à découvert, elle aurait payé à cette fin quelque 2.300 francs de frais.

Un des inconvénients du dépôt à découvert est qu'il vous amène à renoncer à votre anonymat, les pièces étant évidemment gardées à votre nom. Aussi les possesseurs de bons de caisse hésitent-ils souvent à choisir cette solution, qui entraînera par la suite, pour leurs héritiers, le paiement de droits de succession (voir également Conseils n° 41, 42 et 43). Quant aux possesseurs d'euro-obligations, ils sont confrontés au problème supplémentaire de ne plus pouvoir encaisser leurs coupons au Luxembourg ou aux Pays-Bas (voir Conseils n° 37 et 38).

La solution luxembourgeoise

Une solution à ce problème de l'anonymat nous est offerte par notre voisin si discret, le Luxembourg. Les investisseurs sont de plus en plus nombreux à laisser leurs titres en dépôt à découvert dans une banque luxembourgeoise (voir aussi Conseil n° 37) et à y faire encaisser leurs coupons. Ils assurent ainsi l'anonymat de leurs investissements, tout en tournant le précompte mobilier sur les euro-obligations, et le service coupons de la banque est à leur disposition. L'ennui, c'est que les investisseurs qui optent pour cette formule se rendent coupables de fraude. Toute personne qui encaisse ou fait encaisser ses coupons à l'étranger est en effet tenue d'en déclarer les revenus au fisc belge. Un cadre spécial est prévu à cet effet dans la déclaration d'impôt. Et toute personne qui hérite de titres conservés à l'étranger est censée en informer le fisc. Y manquer, c'est commettre une fraude. Mais la plupart des Belges s'en inquiètent d'autant moins que le secret bancaire, cher aux Luxembourgeois, leur garantit une discrétion optimale.

Si vous possédez des valeurs (également appelées **titres**) du genre bons de caisse ou obligations, vous avez droit chaque année à des intérêts déterminés. Pour encaisser ces intérêts, vous devez **détacher le dernier coupon** de la partie principale du titre et le remettre à la banque. La **partie principale** d'une obligation est en fait le titre lui-même, auquel sont fixés les coupons.

Conseil n° 6

Le médiateur: satisfait ou remboursé.

Vous est-il déjà arrivé d'être en désaccord avec votre banque? Vous n'êtes pas le seul: chaque année, des centaines de personnes ont des problèmes avec leur institution bancaire. Parce qu'ils doivent payer des frais trop élevés, parce que leurs intérêts sont insuffisants, parce qu'ils n'ont pas réussi à obtenir un prêt, parce qu'un chèque bloqué a été payé, parce qu'un virement a été mal exécuté, etc. Si vous êtes confronté à une difficulté de cet ordre, ne commencez pas par saisir le tribunal: consultez plutôt le ***médiateur du secteur bancaire.*** Sans mettre en branle une procédure judiciaire coûteuse, vous bénéficierez d'un avis impartial et vous aurez une chance de décrocher des dommages et intérêts.

Un juge bon marché

Chaque année, près de 1.000 particuliers font appel au médiateur ou ombudsman. Dans les deux tiers des cas, les clients préjudiciés se voient donner raison, en tout ou en partie, et le dommage subi est entièrement ou partiellement réparé. Si le médiateur vous donne tort, toutefois, vous n'êtes pas tenu de respecter son avis. Rien ne vous empêche de vous adresser à la justice, même si cela doit vous coûter plus cher. En règle générale, les banques s'in-

Médiateur de l'Association Belge des Banques
Jan Van Nuland
Rue Ravenstein 36, boîte 5
1000 Bruxelles

Médiateur du Crédit Communal
Greet Barrie
Boulevard Pacheco 44
1000 Bruxelles

Médiateur de la Bourse
Henri Carpentier
Rue Henri Maus 2
1000 Bruxelles

Médiateur de l'Union Professionnelle des Entreprises d'Assurances (UPEA)
Mme Van Elderen
Square de Meeus 29
1000 Bruxelles

Médiateur des Spécialistes indépendants en gestion de fortune et conseils en placements
Chaussée de Waterloo 880
1180 Bruxelles

clinent toujours docilement devant la décision de l'ombudsman. En tant que client, vous n'avez donc que des avantages, et aucun inconvénient.

Pour pouvoir être adressée au médiateur, cependant, votre plainte doit satisfaire à plusieurs conditions. Avant tout, il doit s'agir d'un différend entre un particulier, client d'une banque (d'épargne), et une banque (d'épargne). De plus, avant de saisir le médiateur, vous devez essayer de régler vous-même l'affaire avec votre banque (d'épargne). C'est seulement en cas d'échec que vous pourrez faire intervenir l'ombudsman. Par ailleurs, plaintes et demandes d'information ne peuvent lui être soumises que par écrit – de préférence par lettre recommandée, mais ce n'est pas une obligation. Si vous êtes client d'une banque d'épargne, il vous sera ensuite demandé une somme de 500 francs, qui vous sera remboursée si le médiateur vous donne totalement ou partiellement raison. Pour les clients des banques, par contre, la réclamation est gratuite.
Deux institutions financières belges n'ont jamais accepté l'intervention du médiateur dans les problèmes qui les opposent à leurs clients. La première est le Crédit Communal, dont le refus s'explique par le fait que cette institution de crédit possède sa propre "ombudswoman", chargée d'arbitrer les litiges entre elle et ses clients. L'autre exception est Argenta. Si, en tant que client, vous avez un différend avec cette banque, vous ne pouvez vous adresser à personne en particulier: votre agence ou le siège central sont vos seuls recours. Et l'expérience prouve que, dans bien des cas, les plaintes des clients d'Argenta sont aiguillées sur une voie de garage.

A l'exemple du secteur bancaire, les autres acteurs du secteur financier ont créé un service de médiation. Ainsi ***les sociétés de Bourse***, ***les compagnies d'assurances*** et ***les spécialistes indépendants en gestion de fortune et conseils en placements*** possèdent-ils depuis pas mal de temps leurs ***propres médiateurs***. Mais les règles du jeu sont partout les mêmes: avant de pouvoir consulter le médiateur, vous devez vous efforcer de conclure un arrangement avec la "partie adverse". En cas d'échec, vous pouvez déposer une plainte. Exclusivement par écrit, mais généralement sans frais.

Conseil n° 7
Des assurances bon marché.

Vous en connaissez, des compagnies d'assurances qui travaillent sans courtiers ni agents? La plus ancienne et la plus connue est incontestablement OMOB. Qu'elle soit bon marché par comparaison aux assureurs classiques qui travaillent avec des intermédiaires, personne ne l'ignore. Malheureusement, contracter une assurance auprès de cette compagnie n'est pas à la portée de tout le monde. Seuls les fonctionnaires et le personnel de la fonction publique peuvent recourir aux services d'OMOB.

25 pourcents de moins

Ces dernières années, dans notre pays, les assureurs qui travaillent sans intermédiaires, comme Corona, CD Direct, les Assurances Fédérales et Partners, se sont multipliés (pour les adresses et numéros de téléphone, voir les Pages d'Or). Ces ***assureurs directs*** peuvent s'adresser au client sans détour, et donc sans frais de commission supplémentaires. De ce fait, ils sont évidemment meilleur marché que les assureurs classiques. Chez les assureurs directs, les primes d'une assurance auto de responsabilité civile simple sont en moyenne de 15 pourcents moins élevées que chez leurs concurrents. Et une assurance incendie contractée auprès d'un assureur direct peut même être de 25 pourcents moins chère qu'ailleurs.

Pourtant, ne vous laissez pas abuser par les primes d'assurances ultrabasses qui s'étalent dans leurs brochures publicitaires. Dans la majorité des cas, il s'agit en effet de primes "nues", c'est-à-dire sans les garanties supplémentaires dont la plupart des consommateurs tiennent à s'entourer, tant ils sont convaincus de leur utilité. Corona, par exemple, fait la promotion d'une assurance auto de responsabilité civile pour une VW Golf (66 CV), dont le prix n'est que de 1.044 francs par mois (soit 12.858 francs par an). Voilà, à première vue, une assurance bon marché qui a tout pour séduire. Mais continuez votre lecture et vous découvrirez que la prime en question n'est valable que pour un conducteur de niveau bonus/malus 1, et que l'assurance n'inclut ni le bris de verre, ni l'incendie, ni le vol, pas plus d'ailleurs que la protection juridique. C'est dire que toute comparaison avec votre propre assurance risque d'être boiteuse, puisque vous payez probablement déjà ces suppléments et que votre niveau bonus/malus est peut-être supérieur. Quand vous comparez, sachez donc raison garder!

Les **assureurs directs** sont des compagnies qui travaillent sans courtiers ni agents d'assurances, mais qui écoulent eux-mêmes leurs assurances. Ils économisent ainsi la commission du courtier ou de l'agent, de sorte que les assurances de ces assureurs directs sont meilleur marché que les autres.

Un **courtier en assurances** collabore avec différentes compagnies. En principe, il doit donc être en mesure de trouver, pour ses clients, la police la plus avantageuse et correspondant le mieux à leurs désirs. La plupart des compagnies d'assurances travaillent de concert avec un réseau de courtiers en assurances.

Un **agent d'assurances** ne travaille que pour une seule compagnie et ne peut donc pas "faire du shopping" auprès de différents assureurs. L'avantage est qu'il ne peut pas se laisser séduire par l'assureur qui offre les commissions les plus élevées ou les voyages d'agrément les plus attrayants. Les compagnies qui occupent des agents sont ABB, les AP, P & V, RVS et Swiss Life. Les assurances que vous contractez par l'intermédiaire de votre agence bancaire appartiennent aussi à cette catégorie.

Pas pour tout le monde

Autre problème: un certain nombre de ces assureurs bon marché n'acceptent que les "meilleurs" risques, c'est-à-dire les clients qui, selon toute apparence, leur coûteront le moins cher. Chez Corona, par exemple, on vous refusera une assurance auto si votre niveau bonus/malus est trop élevé.

Il n'en reste pas moins que, si vous pouvez prétendre à une assurance chez un assureur direct, vous paierez moins, même pour une police sans défaut, que pour une police absolument identique chez un autre assureur. En transférant toutes vos polices – ou du moins toutes celles qu'il est susceptible d'accepter – chez un assureur direct, vous pouvez donc réaliser une économie intéressante.

Indemnisation réduite

Quand vient le moment de payer des dommages-intérêts, cependant, ces compagnies se montrent moins généreuses que celles de leurs consœurs qui utilisent des intermédiaires, ***courtiers ou agents*** . Et c'est la logique même. En cas de sinistre, en effet, les courtiers et agents d'assurances sont traditionnellement du côté du client. Ils se posent en médiateurs entre la compagnie et le client et veillent à ce que celui-ci obtiennent des dommages-intérêts aussi élevés que possible. Le client d'un assureur direct, par contre, ne bénéficie d'aucun soutien, et il n'a que rarement l'expérience et le bagout nécessaires pour décrocher une indemnisation correcte.

Si votre assureur vous propose, par exemple, de vous verser 50.000 francs pour un dégât des eaux dû à une fuite dans votre toit, vous pouvez, au premier abord, juger cette indemnisation satisfaisante. Mais, si votre courtier ou agent vous révèle que, par comparaison à d'autres sinistres du même genre, cette somme est loin d'être excessive et que vous avez tout intérêt à demander davantage (ne fût-ce que pour prendre en compte les heures de travail du bricoleur chevronné que vous êtes), ne lui en serez-vous pas reconnaissant? En plus de vous épargner bien des efforts, le recours à un intermédiaire peut donc, en cas de sinistre, vous rapporter un supplément non négligeable. A vous de voir ce qui vous intéresse le plus: la remise de l'assureur direct ou le service de l'intermédiaire.

Si vous optez pour l'intermédiaire, veillez à choisir un professionnel compétent. Les agents qui travaillent pour une compagnie d'assurances déterminée ont en général une bonne connaissance-produit des assurances qu'ils proposent et peuvent donc conseiller judicieusement leur clientèle. Mais cet avantage constitue aussi un inconvénient: comme ils ne travaillent que pour une seule compagnie, les amateurs de "shopping", désireux de comparer les polices de différents assureurs, ne sont pas les bienvenus chez eux.

Brocom

Avec un courtier indépendant, qui collabore avec différentes compagnies, par contre, le "shopping" est possible, et le courtier vous aide à sélectionner, parmi les nombreux produits proposés, l'assurance qui vous convient le mieux. L'ennui, c'est que l'offre est si importante que beaucoup de courtiers se perdent dans la multitude des polices existantes, de telle sorte que, dans bien des cas, ils ne sont plus en mesure de conseiller leurs clients de façon pertinente. Si vous voulez être sûr de vous embarquer avec un professionnel compétent, ne travaillez qu'avec un courtier agréé Brocom. Brocom est une association de coordination qui n'accorde son agrément qu'aux courtiers porteurs d'un certificat de courtage et possédant des connaissances techniques suffisantes. Brocom fournit en outre à ses membres les informations et le soutien informatique nécessaires pour augmenter la qualité de leurs services. Vous reconnaîtrez un courtier Brocom à son logo bleu représentant une tête de David stylisée.

Conseil n° 8

Evitez les doubles assurances.

Peut-être êtes-vous mieux assuré que vous ne l'imaginez contre les catastrophes en tout genre. Un certain nombre d'assurances nous sont en effet imposées presque à notre insu. Vérifiez donc si, pour certains risques, vous n'êtes pas doublement assuré. Et, si c'est le cas, n'hésitez pas à supprimer immédiatement les assurances en cause.

Avez-vous un compte à vue ou un compte d'épargne dans une grande banque belge ou au Postchèque? Si oui, il y a gros à parier que vous avez également contracté une ***assurance accidents***. Cette assurance est en effet presque automatiquement couplée à ces comptes. Si votre situation est l'illustration de cette règle et que vous mourez à la suite d'un accident, le solde de votre compte sera automatiquement doublé le jour de l'accident (avec toutefois une limite supérieure de quelques millions fixée par contrat). Vous

Cette **assurance accidents** ne verse l'indemnité convenue que si vous décédez à la suite d'un accident. Par contre, une **assurance accidents personnelle**, que vous souscrivez de votre propre initiative auprès de n'importe quelle compagnie d'assurances, vous garantit une couverture plus large, et le décès n'est pas la condition sine qua non de l'indemnisation.

aviez des enfants? Dans de nombreux cas, un supplément est versé pour chacun d'eux. Dans l'éventualité où le compte présente un solde négatif, la compagnie d'assurances apure le découvert. La Kredietbank et la CGER ne déterminent pas l'indemnité sur la base du dernier solde mais en fonction du solde moyen de la dernière année. De ce fait, l'importance de l'indemnité n'est pas entièrement laissée au hasard.

La prime de cette assurance accidents est modeste: 100 francs à la CGER, au Crédit Communal, à la Générale de Banque, à la BBL et chez Cera, 95 francs à la Bacob, 130 francs à la Kredietbank (qui couvre également le risque d'invalidité) et 60 francs au Postchèque. Il n'y a vraiment pas de quoi en faire un plat... et c'est là-dessus que comptent les banques. Car cette centaine de francs, qui ne représente peut-être pas grand-chose pour vous, constitue pour la caisse d'assurances, qui a des milliers de clients, un extra facilement gagné. Pour faible que soit la prime, cependant, elle reste de l'argent jeté si vous êtes déjà suffisamment assuré contre le risque de décès (notamment par le biais d'une assurance-vie, d'une assurance de groupe ou d'une ***assurance accidents personnelle***). Ou si vous n'avez pas d'héritier et que l'ensemble de votre héritage ira à l'Etat. Ou si le solde moyen, sur votre compte, est habituellement très bas. Si cette assurance vous est inutile, vous pouvez la résilier à tout moment. D'où une économie immédiate de 100 francs.

Une **assistance voyage** complète vous garantit que, si nécessaire, vous bénéficierez d'une aide médicale en voyage (ou que vous serez rapatrié) et que tous les frais qui en découleront seront indemnisés. De plus, cette assurance assistance comporte une assistance technique pour la voiture (y compris le rapatriement, si nécessaire). Le cas échéant, vous pouvez contracter séparément une assistance médicale voyage ou une assistance technique voiture.

Assistance voyage incluse

Une autre assurance que nombre de Belges paient chaque année sans s'en rendre compte est l'***assistance voyage*** offerte par les mutuelles belges. En Belgique, tous les organismes d'assurance-maladie (à l'exception de la caisse auxiliaire de l'Etat) proposent à leurs membres une assistance voyage de personnes, sous les dénominations d'Eurocross, Eurocall ou Interphone. En cas de problèmes médicaux à l'étranger ou de rapatriement pour raisons médicales, les frais qui ne sont pas couverts par l'assurance-maladie sont indemnisés par l'assistance voyage. La prime prévue à cette fin est comprise dans la cotisation complémentaire (de 150 à 200 francs par mois) que vous payez peut-être en tant que membre de la mutualité. Si vous payez cette cotisation, vous pouvez désormais vous épargner les frais d'une autre assistance-voyage médicale. Cette assistance procurée par les mutuelles est en effet comparable à l'assistance voyage médicale des spécialistes de l'assurance voyage (e.a. Europ Assistance). Bien entendu, vous ne bénéficiez ainsi que d'un demi-service. L'assistance voiture, le rapatriement en cas de décès d'un proche, etc. ne sont pas couverts. Les assureurs ABB, AP et AVM proposent toutefois, dans ce but, une police annuelle complémentaire, destinée à couvrir ces risques en sus de l'assistance médicale de la mutuelle. Cette assistance voyage complémentaire coûte quelque 1.500 francs par an. C'est-à-dire beaucoup moins que l'assistance voyage classique d'Europ Assistance, par exemple.

Encore une assurance que vous possédez peut-être sans le savoir: l'***assurance accidents de voyage***, couplée aux cartes Visa et Eurocard de presque toutes les institutions financières (à l'exception de la Citibank). Cette assurance prévoit une indemnité de 100.000 ou 200.000 écus – selon votre carte – en cas de décès pendant le voyage, ou si vous êtes frappé d'invalidité permanente à la suite d'un accident impliquant un moyen de transport public, par exemple une catastrophe aérienne ou un accident d'autobus. Si vous voyagez dans votre propre voiture, vous ne pouvez pas invoquer cette assurance. Par ailleurs, 30% de votre réservation doivent avoir été réglés avec votre carte. Vous n'avez vraiment rien à faire de cette assurance? Dommage, car la prime est comprise dans le prix de votre carte de crédit. Impossible de prendre la carte sans l'assurance.

La couverture offerte par l'**assurance accidents de voyage**, couplée à une carte de crédit, est extrêmement réduite. C'est seulement si vous mourez pendant le voyage, à la suite d'un accident impliquant un moyen de transport public, que l'indemnité convenue (4 à 8 millions) est versée. En outre, 30 pourcents au moins du voyage doivent avoir été réglés avec la carte de crédit.

- - - *Conseil n°9*

Choisissez le meilleur livret d'épargne

Pas de précompte mobilier

Au début des années nonante, personne ne voulait plus entendre parler d'un livret d'épargne ordinaire. Logique: l'argent rapportait beaucoup plus ailleurs. Mais, avec la chute des taux d'intérêt, l'épargne des Belges a repris le chemin des "carnets". En cause, l'exonération de ***précompte mobilier*** appliquée aux intérêts du livret d'épargne. Du moins, précise la loi, aussi longtemps que lesdits intérêts ne dépassent pas 55.000 francs par famille (ce qui correspond à une épargne de 1,4 million environ). Si vous percevez des intérêts plus élevés, vous devez en principe mentionner ce surplus dans votre déclaration d'impôts et payer 15 pourcents de précompte mobilier. Dans la pratique, cependant, personne ne pousse l'honnêteté jusque-là. Il est en effet possible d'avoir plusieurs livrets (aux noms de différents membres de la famille ou dans différentes banques), en bénéficiant chaque fois de l'exonération. Et il est notoire que le fisc ne contrôle pas le total des intérêts perçus par une famille.

En raison de cette exonération de précompte mobilier, le brut est égal au net. C'est la grande différence avec les autres formes d'épargne. Sur les intérêts des autres formes d'épargne à intérêt, comme les bons de caisse et les comptes à terme, les 15 pourcents de précompte mobilier sont toujours dus. Et comme, l'année dernière, les intérêts de ces formes d'épargne ont été à peine supérieurs (voire légèrement inférieurs) à ceux du livret d'épargne, le précompte mobilier a été déterminant. Ajoutez à cela que les sommes déposées sur un livret d'épargne peuvent être retirées à tout moment, et le choix est vite fait. Car, si vous optez pour la formule du "carnet", vous pourrez, en cas d'urgence ou de taux d'intérêt attractifs, réagir immédiatement. Si votre argent est déposé ailleurs, par contre, vous devrez attendre l'échéance pour le récupérer.

Le **précompte mobilier** est l'impôt que vous payez sur les revenus de vos placements. Pour peu qu'ils remplissent certaines conditions, les intérêts des livrets d'épargne sont exonérés de ce précompte (voir aussi Conseil n° 32).

Embrouillamini

Avec les taux d'intérêt réduits que nous connaissons actuellement, les livrets d'épargne ne sont donc pas à exclure. Mais quelles banques (d'épargne) proposent les livrets les plus intéressants? S'il est difficile de répondre à cette question, c'est d'abord parce que les ***intérêts du livret d'épargne*** comportent trois éléments: ***le taux d'intérêt de base,***

la prime d'accroissement et la prime de fidélité. Vous devez donc toujours comparer ces trois chiffres. Les additionner ne vous mènera à rien, car la prime de fidélité et la prime d'accroissement ne sont pas cumulables. Vous avez droit parfois à l'une, parfois à l'autre, et parfois à aucune des deux.

Pour compliquer encore la situation, presque toutes les banques calculent les intérêts des livrets d'épargne de façon différente. De ce fait, des taux équivalents ne mènent pas forcément à des résultats comparables. Ainsi, certaines banques accordent la prime de fidélité dès qu'un montant a été immobilisé sur le compte pendant douze mois consécutifs. Mais d'autres ne prennent en considération qu'une année civile complète: du 1er janvier au 31 décembre. Si vous commencez à épargner en février, vous devrez donc attendre 23 mois. Mêmes divergences dans le calcul de la prime d'accroissement: certaines banques l'accordent jusqu'à ce qu'elle soit acquise, d'autres reviennent au seul taux d'intérêt de base au bout de six mois, de sorte que vous êtes privé de prime pendant un certain temps. Inutile de dire que ces modes de calcul différents créent un embrouillamini indescriptible. Les banquiers eux-mêmes ont souvent du mal à calculer sans ordinateur combien un montant rapportera concrètement, sur leur livret, pendant une période déterminée.

Les **intérêts d'un livret d'épargne** se décomposent en trois éléments:
- l'**intérêt de base**, qui est calculé sur chaque franc déposé sur votre livret;
- la **prime d'accroissement**, dont vous ne bénéficiez que pendant le premier semestre, pour des versements laissés sur votre compte pendant au moins six mois;
- la **prime de fidélité**, qui vous est accordée pour tout montant immobilisé sur le livret pendant au moins un an.

En dépit du chaos qui règne sur le marché du livret d'épargne, certaines précisions s'imposent. Traditionnellement, les sept grandes banques (CGER, Crédit Communal, BACOB, CERA, BBL, Générale de Banque et Kredietbank) sont moins généreuses que d'autres, plus petites mais agressives, comme Argenta, le Crédit Lyonnais, la Banque de Commerce de Bruxelles, Cortal, la Citibank, la Bankunie (dont les activités sont limitées à la Flandre), etc. Cortal est un cas à part, car les contacts avec cette banque ne peuvent être que téléphoniques: elle ne dispose pas de bureaux accessibles au public. Vous trouverez ses numéros de téléphone dans les Pages d'Or, ainsi d'ailleurs que les adresses des agences des autres banques.

En règle générale, la différence de taux d'intérêt entre les livrets d'épargne des "grandes" et des "petites" banques oscille entre 0,75 et 1 pourcent. Différence qui ne se limite pas aux pourcentages, mais qui se traduit en espèces sonnantes et trébuchantes. Signalons toutefois, en faveur de la BACOB, que le supplément d'intérêt qu'elle ajoute au taux de base et dont vous bénéficiez à titre de coopérateur compense partiellement cette différence.

Si vous envisagez de garder une grosse somme d'argent sur votre livret d'épargne, n'hésitez pas à reconnaître le marché et à comparer les chiffres. Mais ne commettez pas l'erreur de vous décider sur la seule base des taux affichés. Demandez à quelques banques quels intérêts vous toucherez, très concrètement, si vous placez tel ou tel montant sur votre livret (en supposant que l'intérêt ne changera pas en cours d'année). Comparer l'argent et non les pourcents, telle est la consigne.

Conseil n° 10
Livrets d'épargne à haut rendement.

Vous vous souvenez des ***livrets d'épargne à haut rendement***? Au début des années nonante, lorsque les taux d'intérêt tournaient autour de 9 pourcents, ils faisaient fureur. Le Crédit Lyonnais, avec son compte Rendements Plus, se taillait incontestablement la part du lion, mais nombre d'autres institutions d'épargne suivaient le mouvement: Argenta, la Banque de Commerce de Bruxelles, Cortal, SEFB, la Banque Indosuez, etc. Même une grande banque comme la CGER avait son propre compte d'épargne à haut rendement.

Superlivrets

Entre ces livrets à haut rendement et les livrets d'épargne ordinaires, conformes à la réglementation, il n'existe qu'une seule différence importante: le précompte mobilier. Les livrets classiques, qui ne peuvent pas dépasser 4 pourcents de taux de base et 2 pourcents de prime, sont en effet les seuls à bénéficier de l'exonération de précompte mobilier (voir aussi Conseil n° 9). Les intérêts des comptes d'épargne à haut rendement, par contre, sont bel et bien soumis à cette imposition. De sorte que, sur les intérêts d'un livret à haut rendement, vous devez céder 15 pourcents au fisc. Un taux d'intérêt brut de 9 pourcents équivaut donc à un intérêt net de 7,65 pourcents. C'est dire que ces 15 pourcents de précompte mobilier ne sont pas à négliger. Pour compenser cet inconvénient, en effet, les intérêts d'un "superlivret" doivent être beaucoup plus élevés que ceux des livrets classiques. Et ce n'est malheureusement plus le cas. D'autres inconvénients, bien réels quoique moins impor-

Comme son nom l'indique, un **livret d'épargne à haut rendement** est un livret d'épargne qui propose un taux d'intérêt plus élevé que les livrets classiques. Le revers de la médaille étant que les intérêts sont soumis au précompte mobilier.

Les intérêts d'un **livret d'épargne** comportent trois éléments: l'**intérêt de base**, la **prime d'accroissement** et la **prime de fidélité** (voir aussi Conseil n° 9).

tants, se rattachent d'ailleurs aux livrets à haut rendement. A commencer par l'obligation de maintenir en permanence sur le compte un montant de 150.000 à 500.000 francs, selon la banque. Il suffit que le solde de votre compte descende, ne fût-ce que pendant quelques jours, en-dessous de la limite inférieure, pour que les intérêts promis soient perdus pour l'année entière! Par ailleurs, il n'est pas rare de voir appliquer à ce genre de compte des frais annuels de gestion de l'ordre de 100 à 200 francs, ou, le cas échéant, quelques centaines de francs de frais de clôture. Et ces frais réduisent évidemment le rendement.

Tout bien considéré, cependant, ces petits désagréments ne suffiraient sans doute pas à décourager les épargnants... si ces livrets n'avaient pas complètement disparu de la scène. Complètement? Pas tout à fait. Ils existent toujours, mais ils sont devenus ridiculement peu attractifs, la chute des taux d'intérêt les ayant ramenés au niveau des livrets d'épargne ordinaires. Et, comme ils sont soumis au précompte mobilier, leur rapport net est considérablement inférieur. Dès que les taux d'intérêt remonteront, toutefois, ces livrets devraient retrouver leur sex-appeal. Car il ne fait aucun doute que des banques comme le Crédit Lyonnais, Argenta, la Banque de Commerce de Bruxelles, Cortal, etc. se hâteront alors de les remettre au goût du jour. Conquérir des parts de marché à coups de taux irrésistibles est en effet leur but avoué. Et ce ne sont pas les épargnants qui s'en plaindront.

Conseil n°11

Mettre de l'argent "en attente"? Choisissez la meilleure formule.

Un bon de caisse arrive à échéance, vous héritez d'un demi-million, votre employeur vous verse une prime... Tant mieux. L'été prochain, cette somme vous permettra d'ajouter une véranda à votre maison, de faire un grand voyage ou de réaliser un autre projet qui vous tient à cœur. Mais, en attendant, que faire de l'argent? Si vous tenez à le récupérer dans quelques mois, vous ne pouvez pas prendre trop de risques. Et un risque faible va malheureusement de pair avec un rendement faible. Surtout quand les taux d'intérêt sont aussi bas qu'à l'heure actuelle.

Livrets d'épargne

Faisons d'abord dans la simplicité: un ***livret d'épargne*** ordinaire n'a sans doute rien de spectaculaire, mais, en pareil cas, c'est une solution idéale (voir aussi Conseil n° 9). Surtout si vous êtes sûr de pouvoir vous passer de l'argent pendant six mois. Car, en plus du taux d'intérêt de base, vous percevrez alors la prime d'accroissement accordée aux nouveaux versements laissés sur le compte pendant un semestre. Et, habituellement, ces primes d'accroissement ne sont pas négligeables.

Si vous devez pouvoir récupérer votre argent dans les six mois, par contre, vous n'avez généralement pas avantage à choisir la formule du livret d'épargne, car vous n'avez droit qu'aux intérêts de base et non aux primes. Mais le livret d'épargne que le Crédit Lyonnais Belgium a mis sur le marché début 1996 constitue une exception à cette règle. Cette banque propose en effet un livret d'épargne (exonéré de précompte mobilier) avec un intérêt de base majoré mais sans prime d'accroissement. Quant à la prime de fidélité, elle existe bel et bien, puisque l'octroi d'une au moins des deux primes est obligatoire pour pouvoir bénéficier de l'exonération de précompte mobilier, mais elle est réduite à un pourcentage symbolique: 0,05%.

Un des inconvénients des livrets d'épargne classiques est la complexité du calcul des intérêts. De plus, dans certains cas, il faut pas mal de temps avant de percevoir les primes. Un exemple: le 31 décembre, une somme se trouve depuis 4 mois sur votre livret. En janvier, vous ne toucherez donc que l'intérêt de base sur cet argent. Le droit à la prime d'accroissement n'est en effet acquis qu'au bout de six mois, c'est-à-dire, dans notre exemple, en février. En décembre, le banquier ne peut pas savoir si vous laisserez cette somme sur votre livret pendant six mois. Transportons-nous donc fin février. L'argent étant toujours en place, vous avez droit à la prime d'accroissement, mais cela ne signifie pas qu'elle va vous être versée dans l'immédiat. L'intérêt du livret d'épargne n'est en effet calculé qu'au bout d'une année civile complète. Vous devrez donc attendre jusqu'en janvier de l'année suivante pour percevoir la prime d'accroissement. Avant que vous ayez touché les intérêts de votre argent dans leur totalité, il peut donc s'écouler un temps considérable.

Comptes à terme

Si vous êtes en quête d'un placement qui vous assure un calcul d'intérêts plus transparent et un paiement plus rapide, un ***compte à terme*** est peut-être votre affaire. Mais vous devez être conscient des conséquences de ce choix.

Si vous placez votre argent sur un **compte à terme**, vous devez fixer le terme dès l'ouverture du compte. Et, pendant cette période, votre argent est irrévocablement immobilisé. A ce moment, vous savez également quel intérêt vous toucherez à l'échéance. Vous ne pourrez donc pas bénéficier d'une éventuelle augmentation des taux d'intérêt. Mais, si ces taux baissent, vous n'aurez rien à craindre. Les intérêts versés sont toujours soumis au précompte mobilier.

Si vous placez votre argent dans un **fonds monétaire**, le gestionnaire de ce fonds place votre argent, en même temps que celui de milliers d'autres investisseurs, dans des comptes à terme ou des produits similaires à court terme. L'avantage de cette formule est que le gestionnaire peut ainsi placer une masse d'argent considérable, ce qui lui permet d'obtenir des taux intéressants. Mais, là encore, l'inconvénient est que les frais et les taxes écrèment ce rendement supplémentaire.

1. L'argent est immobilisé jusqu'à l'échéance. Impossible d'y accéder auparavant.
2. Le précompte mobilier est toujours dû sur les intérêts. De ce fait, les taux d'intérêt bruts doivent être beaucoup plus élevés que ceux du livret d'épargne pour donner le même résultat net. Et, quand le loyer de l'argent est bas, ce n'est pas toujours le cas.
3. En règle générale, plus le terme est long, plus le taux est élevé. Dans la plupart des banques, les taux vont de quinze jours ou un mois à un an, à votre choix. Certaines proposent même des termes plus longs.
4. Le taux d'intérêt offert augmente également avec l'importance de la somme placée. Pour les montants très élevés, un compte à terme est donc souvent plus intéressant qu'un livret d'épargne, en dépit de l'inévitable précompte mobilier. Pour les montants inférieurs à un million, les comptes à terme sont habituellement peu attractifs, les taux étant relativement bas.

Fonds monétaires

Troisième possibilité: les ***fonds monétaires***. Il s'agit de fonds de placement spécialement conçus pour les investisseurs à court terme. Leur principe est simple: la banque place votre argent, en même temps que celui de milliers d'autres investisseurs, sur des comptes à terme et dans des placements similaires à court terme. Cette formule permettant le placement de sommes énormes, les taux sont plus élevés que si vous ouvriez un compte à terme individuel pour votre seul argent. En principe, le rendement de ces fonds devrait donc être légèrement supérieur à celui des comptes à terme. Mais ce rendement supplémentaire est partiellement récupéré par la banque sous la forme de frais. Car ne vous imaginez surtout pas que la banque gère ces fonds à titre gracieux!

Un des plus de ces fonds est leur flexibilité. Loin d'être soumis à des échéances fixes, retraits et dépôts peuvent être effectués à volonté. Et, dès le premier jour, vous bénéficiez du rendement total. Une autre caractéristique de ces fonds est que leur rendement suit de très près le taux du marché. En cas d'augmentation des taux d'intérêt, leurs prestations grimperont en flèche. Si la tendance est à la baisse, par contre, leur rendement s'effritera rapidement.

Au passif de ces fonds, il faut inscrire des frais relativement élevés, qui grignotent évidemment le rendement. Tout d'abord, il y a les frais que vous devez verser à la banque: à

l'achat, vous payez des frais d'entrée, et des frais de gestion sont retenus chaque année sur le fonds.
Si vous n'avez pas l'intention de laisser votre argent dans le fonds plus de six mois, ne payez jamais à la banque plus de 0,10 pourcent de frais d'entrée. Les taux d'intérêt étant actuellement très bas, en effet, vous ne pouvez pas obtenir plus de 2 pourcents d'intérêt sur une demi-année. Si vous devez déjà en céder un demi-pourcent à la banque en guise de frais d'entrée, la pilule risque d'être amère. Votre banquier exige des frais d'entrée supérieurs à 0,10 pourcent? Changez de banque! Toutes les grandes banques et les principales sociétés de Bourse (les anciens agents de change) proposent actuellement des fonds monétaires à leurs clients. Parmi les grandes banques, les plus modérées en matière de frais sont la BBL et la Bacob. Du côté des sociétés de Bourse, la palme revient à Dewaay et à Petercam.

En plus de ces frais bancaires, vous devez payer au fisc une taxe sur les opérations boursières. L'importance de cette taxe dépend du type de fonds que vous choisissez. Si vous optez pour un fonds avec encaissement de coupon, la taxe boursière reste assez modeste – 0,14 pourcent à l'achat – mais vous payez, sur le coupon, un précompte mobilier de 15 pourcents pour une sicav belge et de 25 pourcents pour une sicav luxembourgeoise.

Si vous optez pour un fonds sans encaissement de coupon, par contre, vous échappez entièrement, en toute légalité, au précompte mobilier. Les intérêts vous sont donc versés comme plus-value, sans intervention du fisc, lorsque vous revendez vos parts à la banque. Très attrayant, mais pas sans conséquences. Car, si votre choix se porte sur cette formule, vous paierez une taxe boursière majorée: 1 pourcent à l'achat et 0,5 pourcent à la vente. C'est dire que cette formule est impraticable pour un placement de quelques mois, le premier pourcent et demi d'intérêt devant être d'emblée cédé au fisc. Ajoutez les frais d'entrée, et vous risquez, en un temps si court, de payer plus de frais que vous ne toucherez d'intérêts.

A première vue, vous en êtes donc réduit à choisir entre deux maux. Ou bien l'exonération de précompte mobilier et une taxe boursière majorée. Ou bien une taxe boursière réduite, mais le précompte mobilier sur le coupon. En bons Belges, cependant, nous avons fini par trouver non pas une, mais deux solutions à ce problème.

La première solution est celle de la Bacob. Grâce à une astuce fiscale, les gestionnaires du fonds de la Bacob ont réussi à combiner légalement les deux avantages: vous ne payez que 0,14 pourcent de taxe boursière et vous êtes exonéré de précompte mobilier. De plus, du point de vue du rendement, ce fonds est dans le peloton de tête. La deuxième formule, qui a les faveurs de beaucoup d'investisseurs, est tout aussi légale et peut s'appliquer à tous les fonds monétaires. En optant pour un fonds avec encaissement de coupon, vous n'êtes redevable que de 0,14 pourcent de taxe boursière. Et, si vous veillez à revendre vos parts avant l'échéance du coupon, le rendement vous sera payé par anticipation comme plus-value non imposée. En pareil cas, vous devez évidemment choisir un fonds dont l'échéance est suffisamment éloignée. Si vous voulez rentrer dans le fonds après l'échéance, vous devrez repayer les frais et la taxe sur les opérations boursières.

Conseil n°12
Les bons de caisse: du pour et du contre.

Le ***bon de caisse*** (également appelé bon d'épargne) est peut-être, dans notre pays, le type de placement le plus populaire. Sa réputation, il la doit à sa transparence et à sa fiabilité: vous cédez votre argent à la banque (d'épargne) pour une période déterminée et, en échange, celle-ci vous promet un intérêt fixe jusqu'à l'échéance. Qui plus est, ce jour-là, vous avez la certitude de récupérer votre argent. Mais il y a beaucoup plus à dire à propos des bons de caisse. Du positif et du négatif.

Les **bons de caisse** sont des produits de placement à moyen terme. Les durées varient généralement de 1 à 5 ans, bien que certaines banques en pratiquent de plus longues. Veillez à ne pas excéder la période pendant laquelle vous pouvez vous passer de votre argent. Si vous essayez de le récupérer avant l'échéance, la perte est quasi inévitable.

Le pour

• Si vous avez un peu d'argent de côté, même s'il ne s'agit que d'une somme modeste, vous pouvez acheter un bon de caisse à n'importe quel moment. Vous n'avez donc jamais à attendre une nouvelle émission. Et vous pouvez aussi choisir librement la durée: 1, 2, 3, 4 ou 5 ans sont les durées les plus courantes. Pas mal de banques pratiquent même des périodes plus longues, bien que, les taux d'intérêt étant actuellement très bas, des bons de caisse à aussi longue échéance ne sont pas vraiment intéressants. A la Kredietbank, vous pouvez même choisir la durée de votre bon de caisse d'une manière encore plus précise. Si vous voulez par exemple un bon de caisse d'une durée de trois ans et sept mois, parce que votre fils fêtera ensuite son dix-huitième anniversaire et que vous avez l'intention de lui offrir une voiture, c'est tout à fait possible.

• Votre choix ne se limite d'ailleurs pas à la durée. Si vous voulez toucher les intérêts annuellement, vous opterez pour un bon de caisse ordinaire. Mais, si vous préférez que les intérêts des premières années continuent à produire jusqu'à l'échéance, vous donnerez la préférence à un bon de capitalisation ou de croissance. Dans ce cas, les intérêts ne sont pas payés en fin d'année, mais immédiatement replacés ("capitalisés", dans le jargon de la profession). Mais attention: le taux auquel ces intérêts sont placés (ce qu'on appelle le "taux de capitalisation") est souvent nettement inférieur à celui qui vous est consenti sur le montant investi au départ. Certaines banques jouent toutefois le jeu correctement, en prenant comme taux de capitalisation le taux d'intérêt normal. Avant de signer, faites donc preuve de vigilance.

• Il y a aujourd'hui sur le marché pas mal de bons de caisse dont le taux d'intérêt est automatiquement majoré chaque année ou à l'expiration d'une certaine période. Leur apparition s'explique par la modicité des taux d'intérêts actuels. Dans un effort pour rendre leurs bons de caisse plus attrayants, les banques imaginent les formules les plus surprenantes. Certains de ces bons de caisse peuvent être avantageux, mais ne vous laissez pas abuser: avant de sauter sur l'occasion, calculez le rendement moyen dont vous bénéficierez jusqu'à l'échéance. Si ce chiffre dépasse le rendement d'un bon de caisse "ordinaire", de même durée mais à taux fixe, l'alternative peut se révéler intéressante. En dépit de leur présentation attrayante, toutefois, ces bons de caisse "à taux progressif" ne produisent pas notablement plus que les autres.

• Si votre banque (d'épargne) fait faillite, vos bons de caisse ne sont pas perdus, car ils sont garantis par le système belge "de garantie de dépôt" (voir aussi Conseil n° 30). Mais cette garantie de remboursement n'est que de 15.000 écus (en-

Donner un bon de caisse **en dépôt à découvert** (ou, tout simplement, **"en dépôt"**), c'est laisser toutes les tracasseries administratives à la banque. Celle-ci détache les coupons à votre place, vous rappelle l'échéance en temps utile et réinvestit votre argent de la manière choisie par vous (ou vous le restitue à votre demande). Pour ce service, les banques ne réclament pas de frais.

La Belgique compte sept **grandes banques**: Bacob, BBL, Cera, CGER, Crédit Communal, Générale de Banque et Kredietbank.

Aux **ventes publiques** sont négociées les valeurs qui ne sont pas cotées en Bourse, comme les bons de caisse. Le prix résulte des enchères, les titres mis en vente allant au plus offrant. Vous ne pouvez pas acheter ou vendre personnellement en vente publique: vous devez faire exécuter votre ordre par votre banquier ou par une société de Bourse (l'ancien agent de change).

viron 600.000 francs) par personne. Vous avez une somme plus importante à placer? Rien ne vous empêche de la garantir en totalité, à condition de la répartir entre différentes banques, en veillant à n'en avoir nulle part pour plus de 600.000 francs. Le seul ennui étant que cette garantie n'est accordée que pour les bons de caisse mis **en dépôt à découvert** auprès de la banque (d'épargne) (voir aussi Conseil n° 5). Or, cette mise en dépôt est toujours nominative. Si vous ne voulez jouer qu'à coup sûr, renoncez donc à conserver vos bons anonymement dans un coffre.

• A l'achat des bons de caisse, les frais sont pratiquement nuls: vous n'êtes redevable que d'une taxe de 0,14 pourcent sur les opérations boursières. Autrefois, la plupart des banques prenaient cette taxe sur elles. A présent, presque toutes la font supporter au client.

Le contre

• Les intérêts des bons de caisse sont soumis au précompte mobilier. Depuis le 1er janvier 1996, celui-ci s'élève à 15 pourcents, mais le gouvernement peut le modifier à tout moment. Or, dans la pratique, la règle est la suivante: quand le précompte mobilier augmente, le nouveau taux s'applique à tous les bons de caisse, nouveaux ou existants. Donc aussi à ceux que vous avez achetés antérieurement. Par contre, si le précompte mobilier diminue, le nouveau taux ne s'applique qu'aux nouveaux bons. Les bons de caisse existants ne profitent donc jamais d'une réduction du précompte mobilier, mais ils répercutent la moindre augmentation. Si vous possédez des bons de caisse achetés avant le 1er mars 1990, ils restent donc soumis au précompte mobilier de l'époque, soit 25 pourcents. Sur les bons de caisse acquis après cette date (lorsque le précompte mobilier s'élevait à 10, 13 ou 13,39 pourcents), vous devez payer, depuis le 1er janvier 1996, 15 pourcents de précompte mobilier. Impossible d'y échapper: où que vous encaissiez les coupons, la banque retiendra cette taxe.

• Si vous êtes confronté à un besoin d'argent inopiné, vos bons de caisse risquent de ne pas être la solution idéale, tant il est difficile de les revendre sans perte. Les ***grandes banques belges*** sont généralement disposées à racheter leurs bons à un prix plus ou moins honnête. Mais si, entre-temps, le taux d'intérêt des bons de caisse a augmenté, ce "prix honnête" peut être très inférieur à celui que vous avez payé à l'achat. Un certain nombre d'institutions de moindre importance n'acceptent de racheter leurs bons de caisse par anticipation qu'à certaines conditions (par exemple en cas de décès). Si elles refusent (et elles en ont parfaitement le droit), il ne vous reste d'autre possibilité que de demander à une banque ou à une société de Bourse de proposer vos bons aux ***ventes publiques*** de la Bourse, à Bruxelles ou à Anvers. Mais vous devrez avoir de la chance pour vous en tirer à bon compte, les bons de caisse des petites banques (d'épargne) ne s'enlevant parfois qu'à des prix relativement bas.

Conseil n°13

Le bon d'Etat: un nouveau concurrent pour le bon de caisse.

Parce que notre dette publique est énorme, le gouvernement a perpétuellement besoin d'argent. De beaucoup d'argent. Son objectif étant d'en obtenir le plus possible au moindre coût. C'est pourquoi il a remplacé le vieil emprunt d'Etat par un tout nouveau "bon d'Etat". La commission que le gouvernement doit payer aux banques pour le placement de ces bons d'Etat est en effet légèrement inférieure à la commission qu'il leur versait autrefois pour le placement d'un emprunt d'Etat, ce qui lui permet de comprimer ses frais de financement. Mais, pour l'investisseur aussi, l'apparition du bon d'Etat est une bonne chose. Le bon d'Etat est en effet le rival direct du bon de caisse, et cette concurrence accrue ne peut que vous être favorable.

Trois variantes

Le nouveau bon d'Etat est lancé en trois formules.

1. Avant tout, un bon d'Etat d'une durée de cinq ans, que l'investisseur peut, s'il le désire, prolonger au même taux jusqu'à 7 ans. Cette option se révèle intéressante en cas de baisse des taux d'intérêt au cours des cinq ans. C'est donc la formule idéale lorsqu'une baisse des taux s'annonce.
2. La deuxième formule est exactement l'inverse. Il s'agit d'un bon de caisse d'une durée de 7 ans, que l'investisseur peut, s'il le désire, se faire rembourser par anticipation après 3 ou 5 ans. Ces options sont intéressantes en cas d'augmentation des taux après 3 ou 5 ans. De ce fait, ce bon d'Etat est particulièrement attrayant lorsque la situation est incertaine.
3. La troisième variante est un bon d'Etat avec révision annuelle du taux d'intérêt. Ce bon est intéressant quand une augmentation des taux est en vue, car il vous permet de profiter annuellement de l'accroissement. Cette variante comporte une option supplémentaire: à chaque échéance,

vous pouvez l'échanger contre un autre type de bon d'Etat. Bien que le bon d'Etat présente de fortes ressemblances avec un bon de caisse ordinaire, il en diffère cependant sur plusieurs points. Le bon de caisse est et reste plus flexible que le bon d'Etat. Si vous voulez acheter un bon d'Etat, en effet, vous devez, comme pour les anciens emprunts d'Etat, attendre qu'il en soit lancé un nouveau. Car les bons d'Etat ne seront émis que quatre fois par an, à dates fixes: en juin, septembre, décembre et mars. Chaque fois, vous aurez une semaine pour souscrire. A un bon de caisse, par contre, vous pouvez souscrire à tout moment et sans la moindre difficulté. Rendez-vous à votre agence bancaire et, quelques minutes plus tard, vous en ressortirez avec un bon de caisse. Acheter un bon d'Etat est plus compliqué. Après vous être rendu une première fois à la banque pour souscrire au nouveau bon, vous devez y retourner, une semaine plus tard, pour le retirer.

Bourse

Revendre un bon d'Etat avant l'échéance n'est pas non plus aussi facile que pour un bon de caisse. Vos bons de caisse, vous pouvez tout simplement les représenter au guichet de votre banque (voir aussi Conseil n° 12). Dans la plupart des cas, celle-ci calculera alors elle-même, à votre intention, le prix qu'elle est disposée à payer pour les récupérer. Certaines banques refusent toutefois de racheter leurs bons par anticipation, à moins que vous ne puissiez alléguer une raison sérieuse. Dès lors, il ne vous reste d'autre solution que de les faire mettre en ***vente publique*** par votre banque ou société de Bourse. Le prix que vous en obtiendrez dépendant alors de l'intérêt qu'ils suscitent.

Quant aux bons d'Etat, ils peuvent être négociés à la Bourse pendant toute leur durée de validité. Le ***Fonds des Rentes*** organise le marché et vous garantit en permanence, pour vos titres, l'obtention d'un prix honnête. Prix qui tient évidemment compte du taux d'intérêt figurant sur vos bons d'Etat. Si, entre-temps, le taux d'intérêt du marché a augmenté, vos bons ont perdu beaucoup de leur attrait et le prix proposé risque d'être inférieur à 100 pourcents du prix d'achat. Si le taux a baissé depuis votre achat, par contre, vous êtes en possession de bons d'Etat intéressants, qui trouveront probablement acheteur à un prix supérieure à 100 pourcents de votre prix d'achat. En négociant vos titres à la Bourse avec intervention du Fonds des Rentes, vous aurez la certitude d'en tirer toujours un prix correct.

Aux **ventes publiques** sont négociées les valeurs qui ne sont pas cotées en Bourse, comme les bons de caisse. Le prix résulte des enchères, les titres mis en vente allant au plus offrant.

Le **Fonds des rentes** est l'organisme public qui organise le marché secondaire des titres d'Etat. Sur ce marché, un investisseur peut (par l'intermédiaire de son banquier) négocier ses titres d'Etat (obligations et bons d'Etat). Il va de soi que vous pouvez aussi y acheter des titres.

Conseil n°14

Bons de caisse exonérés de précompte mobilier.

Les **bons d'assurance** sont en principe des bons de caisse émis par une compagnie d'assurance. Mais il existe quand même certaines différences.

Depuis quelques années, le bon de caisse traditionnel (voir Conseil n° 12) a un concurrent: le ***bon d'assurance***. A première vue, celui-ci ressemble comme deux gouttes d'eau au bon de caisse ordinaire. La grande différence, c'est que les intérêts d'un bon d'assurance ne sont pas soumis au précompte mobilier. Mais cet avantage est malheureusement contrebalancé par d'autres frais.

Coûteuse couverture décès

Pour bénéficier de l'exonération de précompte mobilier, un bon d'assurance doit offrir une couverture décès. Concrètement, cette couverture signifie que, si le détenteur de ce bon – vous, en l'occurrence – meurt avant l'échéance, le bénéficiaire du contrat (que vous pouvez désigner vous-même) percevra au moins 130 pourcent du montant placé. En soi, ce serait plutôt un avantage qu'un inconvénient, si vous ne deviez pas, pour l'obtention de cette couverture, payer une prime (unique) qui réduit d'autant le rendement de votre placement. Pour les jeunes, cette prime n'est généralement pas très élevée (quelque 0,2 pourcent du montant placé pour une personne dans la trentaine). Mais, si vous n'avez pas besoin de cette couverture décès, c'est de l'argent jeté. Et, plus vous êtes âgé, plus le risque de décès est grand et plus la prime est élevée (2 à 3 pourcents pour les sexagénaires). L'obligation de coupler une couverture décès à un bon d'assurance n'est supprimée que dans un cas: si le bon a une durée d'au moins 8 ans. A la mort du propriétaire d'un de ces bons de longue durée, en effet, les bénéficiaires reçoivent simplement le capital, plus les intérêts correspondant à la période écoulée. Les taux étant actuellement très bas, toutefois, les bons de longue durée sont inintéressants.

A cela s'ajoute que, lors de l'achat d'un bon d'assurance, vous devez habituellement payer 1 à 2 pourcents de frais. La conséquence en est (surtout pour les plus de soixante ans) que le total de vos frais dépasse finalement le précompte mobilier que vous esquivez par ailleurs. Vérifiez donc toujours que votre avantage fiscal n'est pas totalement annulé par les frais qui vous sont imputés. Pour effectuer ce contrôle, il n'existe qu'une bonne méthode: demandez quel montant vous aurez en mains à l'échéance et quelle somme, frais et primes inclus, vous aurez à débourser à cette fin. Sur cette base, il vous sera facile de calculer votre rendement réel (voir aussi Conseil n° 29). En comparant ce rendement au rendement net d'un bon de caisse ou de capitalisation ordinaire, acheté chez votre banquier, vous saurez d'emblée si l'avantage fiscal vaut encore la peine.

Droits de succession

• Inconvénient supplémentaire: en Belgique, les bons d'assurance sont obligatoirement nominatifs. (Cette obligation ne s'applique cependant pas au Luxembourg. Voir Conseil n° 15). Il n'est donc pas question de les transmettre anonymement à sa descendance. Le fisc est toujours informé du montant perçu par les héritiers (ou le bénéficiaire). Et des ***droits de succession*** sont dus sur ce montant.

• Evoquons enfin quelques autres caractéristiques spécifiques des bons d'assurance, qui ne sont d'ailleurs pas, en soi, défavorables pour tout le monde. Ainsi, les intérêts sont toujours payés à l'échéance. Le système est donc le même que pour un bon de capitalisation ou de croissance. Par ailleurs, ces bons ne sont pas à la portée des petits investisseurs: en règle générale, le placement minimum est de 100.000 à 500.000 francs. Beaucoup plus que pour un bon de caisse ordinaire!

Les **droits de succession** sont les impôts que vous devez payer quand vous héritez quelque chose. Le taux des droits de succession dépend de l'importance de l'héritage et du degré de parenté entre le défunt et l'héritier (voir aussi Conseil n° 41).

Bien que les bons d'assurance proviennent toujours d'une compagnie d'assurances, ne vous étonnez pas si ce placement vous est proposé par votre banquier: la plupart des banques ont constitué leur propre compagnie d'assurances. Mais il va de soi que vous pouvez aussi acheter vos bons d'assurance par l'intermédiaire de votre courtier ou agent d'assurances. Prenez toujours le temps de comparer les offres des différentes parties.

Conseil n°15

Le bon de capitalisation luxembourgeois: rien que des avantages!

Si les bons d'assurance présentent le grand avantage d'être exonérés de précompte mobilier, ils ont aussi deux inconvénients: la couverture décès obligatoire est souvent trop coûteuse et les bons sont nominatifs. Toutefois, ce problème a été résolu avec élégance dans le paradis fiscal voisin de notre pays: quand un bon d'assurance est proposé par une compagnie d'assurances luxembourgeoise, les deux inconvénients évoqués ci-dessus disparaissent. D'après la législation luxembourgeoise, en effet, il n'est pas obligatoire de coupler une couverture décès à un bon d'assurance pour que celui-ci soit exonéré de précompte mobilier. Pour tout bon d'assurance proposé par un assureur luxembourgeois, cette couverture décès, souvent coûteuse, devient donc superflue (voir aussi Conseil n° 14). Et, l'aspect propre aux assurances étant ainsi supprimé, ce placement est généralement désigné sous le nom de ***bon de capitalisation***.

Pour acquérir ces bons, il n'est même pas nécessaire de passer la frontière. Depuis 1994, les placements luxembourgeois peuvent être diffusés librement par l'intermédiaire des agences bancaires et des courtiers d'assurances belges. Et cette opération se déroule à grande échelle. En Belgique, presque toutes les banques et compagnies d'assurances importantes ont constitué une "filiale" luxembourgeoise, qui leur permet de pourvoir leurs clients belges de bons d'assurance luxembourgeois, fiscalement plus conviviaux. Vous pouvez donc les acheter auprès de votre banque comme de votre courtier d'assurances. Dans notre pays, Argenta est particulièrement active dans ce domaine.

Cette construction luxembourgeoise présente d'ailleurs un autre avantage. Si le possesseur des bons d'assurance vient à mourir, la compagnie luxembourgeoise n'est pas tenue

En règle générale, un bon d'assurance sans couverture décès est désigné sous le nom de **bon de capitalisation**. Pour ce placement, tout comme pour un bon d'assurance normal, les intérêts son ajoutés chaque année au capital investi et réinvesti avec lui ("capitalisés" dans le jargon de la profession). Intérêts et principal sont versés ensemble à l'échéance.

Sur les titres **au porteur**, le nom du titulaire n'est pas précisé. La personne qui est en possession de ces titres est supposée en être le propriétaire.

d'informer le fisc belge de l'importance du capital versé aux héritiers. Et la pratique du secret, à laquelle les assureurs luxembourgeois sont très attachés, garantit, à cet égard, une discrétion totale. Souvent, du reste, ces bons de capitalisation luxembourgeois sont ***au porteur***, de sorte qu'ils peuvent être transmis anonymement à la descendance en cas de décès.

Obligation de déclaration

Deux avantages, donc: primo, pas de couverture décès coûteuse, mais néanmoins l'exonération de précompte mobilier au Luxembourg; secundo, pas de déclaration automatique de l'héritage au fisc belge. Mais, à ce stade, l'affaire se corse. Car le fisc belge, qui se fonde malheureusement sur d'autres principes que le fisc luxembourgeois, exige que les Belges déclarent eux-mêmes les intérêts réalisés sur leur capital investi, afin que le précompte mobilier puisse être perçu par la suite, s'il apparaît que les conditions d'exonération ne sont pas remplies (voir aussi Conseil n° 14). Le précompte mobilier n'est donc pas prélevé automatiquement, mais, pour l'investisseur, la déclaration est obligatoire. Et, lors du décès du possesseur de bons d'assurance luxembourgeois, le même principe est d'application: le fisc belge n'est pas automatiquement informé de ce que contient l'héritage luxembourgeois, mais les héritiers sont bel et bien soumis à l'obligation de déclaration. Et les Belges qui ne prennent pas cette obligation au sérieux se rendent coupables de fraude fiscale. Sans doute la plupart ne s'en préoccupent-ils guère, les contrôles étant loin d'atteindre une efficacité optimale, mais passer au bleu de fortes sommes n'en reste pas moins dangereux. Si, lors d'un contrôle fiscal approfondi, vous n'êtes pas en mesure de justifier l'usage que vous avez fait d'un montant officiel important (par exemple le produit de la vente de votre affaire, le capital d'une assurance-retraite, etc.), le fisc peut en conclure que vous l'avez placé à gauche et vous faire payer, en plus des impôts auxquels vous aviez cru échapper, une amende et des intérêts de retard. C'est pourquoi les investisseurs prudents limitent généralement ces placements au noir aux montants dont le fisc ne connaît pas l'origine.

En ce qui concerne les frais d'entrée et l'investissement minimum, les différences entre le bon de capitalisation luxembourgeois et le bon d'assurance belge sont minimes. D'un côté comme de l'autre, les compagnies réclament habituellement un à deux pourcents de frais et un investissement minimum de 200.000 à 500.000 francs. En acceptant de payer des frais plus élevés, vous réduiriez trop fortement votre rendement. Et, en cherchant un peu, vous trouverez sûrement un bon de capitalisation meilleur marché. Argenta, par exemple, propose d'ores et déjà, par le biais de son réseau d'agents en Belgique, des bons d'assurance luxembourgeois pour de petits montants, avec ou sans couverture décès et libres de tous frais d'achat.

Conseil n°16
Emprunts d'Etat ou euro-obligations?

Vous souhaitez placer votre argent en obligations, et de préférence dans notre propre monnaie? Dans ce cas, vous avez le choix: ou bien vous achetez des obligations d'Etat, ou bien vous investissez en euro-obligations libellées en francs luxembourgeois. Montez dans le train des coupons, et la distinction vous apparaîtra clairement.

Précompte mobilier

Entre les ***euro-obligations*** et les obligations d'Etat, les différences ne manquent pas, certaines plus théoriques que d'autres. Mais inutile d'y aller par quatre chemins. Pour un Belge, il n'y a qu'une seule nuance vraiment importante: si vous touchez le coupon d'une euro-obligation au Luxembourg, vous ne payez pas de précompte mobilier. Quand vous encaissez les coupons d'une obligation d'Etat, par contre, pas question d'y échapper!

En principe, toutefois, cet avantage est moins avantageux qu'il n'y paraît. Car, même si un banquier luxembourgeois vous verse le ***coupon*** d'une euro dans son intégralité, vous restez dans l'obligation de payer le précompte mobilier sur la somme reçue, puisque les intérêts encaissés au Luxembourg doivent être déclarés ultérieurement à l'impôt des personnes physiques, de manière à ce que le fisc puisse faire valoir ses droits. Et, dans ce cas, vous êtes encore plus mal loti, car, en plus du précompte mobilier, vous devez payer sur ces revenus des centimes additionnels communaux.

De cette obligation de déclaration, le Belge moyen se soucie autant qu'un poisson d'une pomme. Mais cette indifférence n'est pas sans danger. De plus en plus souvent, les douaniers passent au peigne fin les autocars, les voitures personnelles et même les trains venant du Luxembourg. S'ils tombent sur de grosses sommes d'argent ou des documents révélateurs d'une "excursion-coupons", ils les si-

Quand un investisseur privé souscrit à un emprunt en **euro-obligations**, il se voit promettre un intérêt fixe pendant une période préétablie. A la fin de cette période, il récupère l'argent investi. Une différence importante entre une euro-obligation et un bon de caisse est le débiteur, c'est-à-dire l'émetteur du titre: pour le bon de caisse, c'est toujours la banque, tandis qu'une euro-obligation peut être émise par n'importe quelle entreprise ou institution.

Par le **coupon** d'une obligation, on entend l'intérêt versé chaque année à l'obligataire. Pour recevoir cet intérêt, vous devez en effet, chaque année, détacher le dernier coupon de votre obligation et le remettre à votre banquier.

gnalent à leurs collègues des contributions directes, et une explication au contrôle local devient inévitable. Avec comme conséquence un examen approfondi de votre situation fiscale, qui peut remonter jusqu'à cinq ans en arrière et amener le fisc à vous réclamer, pour toute cette période, les impôts non payés, majorés des intérêts de retard.

Pour éviter les problèmes de ce genre, les Belges sont de plus en plus nombreux à demander à leur banquier luxembourgeois de conserver leurs obligations au Luxembourg (voir aussi Conseil n° 37). La banque verse alors automatiquement les intérêts sur le compte luxembourgeois du client. Il suffit de coupler à ce compte une carte Visa "neutre" (c'est-à-dire sans mention du nom de la banque) ou un carnet d'eurochèques, et le tour est joué: les achats belges peuvent être payés en francs luxembourgeois, sans qu'il soit nécessaire de franchir la frontière. Inutile de dire qu'il s'agit là d'une pratique frauduleuse, faire garder ses titres au Luxembourg ne dispensant aucunement un Belge de son "obligation de déclaration". Mais, le secret bancaire luxembourgeois rendant toute divulgation quasi impossible, la plupart des Belges continuent à frauder en toute quiétude.

Sécurité

En plus de la possibilité de frauder, il existe, entre les euro-obligations et les obligations d'Etat, une deuxième différence importante qu'il ne faut pas perdre de vue, à savoir la sécurité des titres. Malgré la dette colossale qui handicape l'Etat belge, ses obligations sont toujours considérées comme archisolides et d'une fiabilité à toute épreuve. En fait, si vous investissez en titres d'Etat, toute inquiétude est superflue: intérêts et capital vous seront remboursés en temps et heure. De ce point de vue, les euro-obligations, souvent émises par des entreprises privées, sont souvent moins sûres. Ces dernières années, il est arrivé plusieurs fois qu'une entreprise déclare forfait. En règle générale, seul le paiement des intérêts a été suspendu, mais, dans un certain nombre de cas, le remboursement du capital a été compromis. L'investisseur se retrouve alors dans le pétrin, à moins que la banque qui lui a vendu les obligations ne reprenne à sa charge les obligations financières de l'entreprise en faillite. C'est arrivé il y a quelques années, lorsque la Kredietbank a repris les obligations de la Varde Bank vis-à-vis de ses client. Mais cet exemple est plutôt l'exception qui confirme la règle.

Le **rating** d'une obligation est une cote de solvabilité (allant du triple A au C) accordée par un bureau d'enquête indépendant. Ces bureaux contrôlent la solvabilité de nombreuses entreprises, pays et institutions internationales. Les cotes sont généralement très fiables. Malheureusement, tout emprunt n'a pas son rating.

Comment parer ce risque? En n'achetant que des euro-obligations émises par des débiteurs de première classe. Vous les reconnaîtrez à leur ***"rating"***, cote de solvabilité exprimée en lettres. Si une obligation bénéficie d'un rating de A, voire d'un double ou même d'un triple A, vous n'avez pas lieu de vous en faire. En principe, du moins, car aucune garantie n'est absolue, un retournement de situation n'étant jamais exclu. Si vous tenez à votre tranquillité d'esprit, choisissez de n'investir qu'en obligations émanant de grandes institutions internationales, comme la Banque Mondiale, la Banque Européenne d'Investissements, etc. Les rendements de ces obligations sont généralement de quelques dixièmes de pourcent inférieurs aux rendements moyens, mais c'est le prix de la sécurité. Pour des rendements qui grimpent en flèche, mieux vaut spéculer d'une autre manière.

La dernière différence, et non la moindre, tient au fait que, depuis début 1996, les pouvoirs publics n'émettent plus d'obligations d'Etat. Désormais, c'est par le biais de bons d'Etat qu'ils renflouent leurs caisses (voir aussi Conseil n° 13). Rien ne vous empêche cependant d'acheter en Bourse des obligations d'Etat émises avant cette date. Mais cet achat entraînera pour vous des frais plus élevés (voir aussi Conseil n° 18).

Conseil n°17
Obligations à très haut rendement

Avez-vous déjà acheté des euro-obligations? Si c'est le cas, vous avez pu constater que, dans l'éventail proposé, certaines émissions se distinguent par des taux d'intérêt exceptionnellement élevés. A première vue, la tentation est irrésistible. Mais attention: ce n'est qu'une façade!
Bien que le temps des taux d'intérêt élevés soit déjà loin

Les **publications spécialisées en investissements** donnent, une ou deux fois par semaine, des informations détaillées sur les différentes formes de placements. Dans notre pays, les plus connues sont le Bulletin Afinas (tél. 053/78.00.52), Cash! (Tendances) (02/467.57.63), L'Echo-L'Investisseur (tél. 02/203.06.10), Tuyaux Bourse (tél. 09/211.04.05) et Astuces et Conseils Placements (tél. 016/35.99.10). A l'exception de Cash!, vous ne pouvez vous procurer ces publications que par abonnement postal. Mais rien ne vous empêche d'en demander au préalable quelques numéros spécimens, afin de vous assurer que leur style vous convient.

Le **risque monétaire** d'une obligation est le risque de dépréciation de la devise dans laquelle cette obligation est émise. Si vous achetez par exemple des obligations en lires, vous courez le risque de voir la lire perdre de la valeur (perte désignée dans le jargon économique sous le nom de "dévaluation"), de sorte qu'à l'échéance, vous recevrez moins de francs belges pour le montant que vous avez investi en lires.

derrière nous, des obligations à 10% ou plus sont encore faciles à trouver: vous pouvez en acheter dans pratiquement n'importe quelle banque. Et toutes les ***publications spécialisées en investissements*** les reprennent régulièrement dans leurs tableaux d'obligations. Pourquoi ne se les arrache-t-on pas? Tout simplement parce que ces placements ne sont pas sans risques. Des risques qui se répartissent en deux catégories.

Devises faibles

Commençons par la première catégorie: les obligations dont le **risque monétaire** n'est pas négligeable. Il s'agit d'emprunts émis dans une devise dite "à haut rendement", comme la lire, la couronne suédoise, la peseta, la drachme grecque ou le rand sud-africain. L'intérêt élevé offert sur ces devises est facile à expliquer. Les économies de ces pays sont en si mauvais état que les investisseurs redoutent une forte dépréciation de leurs devises dans un avenir proche. Pour compenser ce risque monétaire, ils exigent un intérêt élevé. Et ils ont bien raison! Car quelles leçons peut-on tirer du passé? Ces dernières années, la plupart des devises à haut rendement se sont tellement dépréciées que le taux du coupon, si élevé fût-il, n'a pas suffi à compenser cette perte. Et aucune amélioration n'est en vue, la valeur de ces devises n'ayant d'ailleurs pas cessé de dégringoler depuis les années septante. Sans doute les coupons élevés réussiront-ils tout juste, pour un certain nombre de devises, à contrebalancer la perte de cours, mais vous n'en tirerez pas grand-chose de plus. Alors, pourquoi prendre le risque de vous lier pendant des années à des devises aussi casse-cou?

A l'occasion, toutefois, un pari à court terme sur une de ces devises peut constituer une bonne affaire. Il arrive en effet qu'à la suite de l'une ou l'autre spéculation, la valeur de ces devises baisse à tel point que le doute n'est plus permis: les marchés ont exagéré. Dernièrement, ce phénomène s'est produit à plusieurs reprises. Et, chaque fois, la devise en cause s'est rétablie au cours des mois (voire des années) qui ont suivi. Acheter une devise quand personne n'en veut plus n'est donc pas toujours une sottise. Le tout étant d'être assez avisé pour la revendre au bon moment. Car, comme placement à long terme, ces devises ne tiennent pas la route.

Pays en voie de développement

Pour la deuxième catégorie d'obligations à haut rendement, les taux d'intérêt exorbitants s'expliquent tout autrement.

Ces obligations sont émises par des entreprises ou des pays dont la crédibilité n'est pas grande et qui ne pourront peut-être pas rembourser entièrement leur emprunt aux investisseurs, ni même leur verser les intérêts prévus. Pour compenser ce risque, ils sont forcés de payer une prime d'intérêt élevée. Au cours des années quatre-vingts, des obligations de ce genre, également appelées junk-bonds, ont souvent été émises pour financer la reprise d'entreprises en difficultés. Si la reprise suffisait à résoudre le problème, l'investisseur avait de la chance. Par contre, si l'entreprise faisait faillite, il avait perdu son argent. Ces dernières années, ce sont surtout les pays en voie de développement, souvent confrontés à une véritable montagne de dettes, qui émettent des obligations à haut rendement. L'Argentine, le Brésil ou le Mexique, par exemple. Ces obligations sont généralement émises en une devise à toute épreuve, comme le mark allemand. Une devise qui vous assure en principe une protection optimale. Du moins si vous avez la chance de revoir votre argent...

Bien qu'elles soient loin d'être sans risques, ces obligations sont cependant préférables aux euro-obligations à haut rendement de la première catégorie. A l'exception de Panama, du Costa Rica, de Cuba et de la Yougoslavie, aucun pays en voie de développement n'a jamais fait fi de ses obligations en la matière. Même pendant la crise grave des années quatre-vingts. Si nombre de pays en voie de développement demeurent en reste vis-à-vis de leur banquier, il n'en va pas de même avec leurs obligataires. Si vous avez envie de parier sur une obligation au rendement extravagant, mieux vaut donc opter pour cette deuxième catégorie: même lourdement endetté, un pays en voie de développement est plus fiable qu'une devise faible. Par contre, n'achetez pas d'obligations émanant d'entreprises en difficultés, celles-ci n'hésitant pas, le cas échéant, à "oublier" leurs obligations de paiement. Ces entreprises à la crédibilité douteuse se reconnaissent à leur rating (voir aussi Conseil n° 16).

- - - *Conseil n°18*
Acheter des obligations: neuves ou de seconde main?

Est-il préférable d'acheter des obligations lors de leur émission, sur le ***"marché primaire"*** ? Ou vaut-il mieux opter pour des obligations "de seconde main", dont l'échéance est moins lointaine, et donc s'adresser au ***"marché secon-***

Sur le **marché primaire**, les obligations sont proposées au moment de leur émission. En achetant des obligations sur le marché primaire, vous ne paierez pratiquement pas de frais.

Pour les obligations négociées sur le **marché secondaire**, la durée est déjà partiellement écoulée. Comme investisseur privé, vous pouvez vous adresser au marché secondaire tant pour la vente que pour l'achat d'obligations. Mais les frais de la transaction sont nettement plus élevés.

Acheter une obligation **au pair** signifie que vous achetez cette obligation à 100 pourcents de sa valeur nominale. Pour une obligation avec une valeur nominale de 10.000 francs, vous payez donc 10.000 francs. Parfois, les obligations sont émises légèrement **au-dessus du pair**, par exemple à 100,5 pourcents. Parfois aussi, vous pouvez les acheter **au-dessous du pair**. Autrement dit, vous les payez moins de 100 pourcents.

daire"? Les deux formules ont leurs avantages et leurs inconvénients.

Frais réduits

Si vous voulez faire au moins cher, achetez vos obligations dès l'émission, sur le marché primaire. La plupart des nouvelles obligations sont émises ***au pair*** (ou légèrement au-dessus ou au-dessous). Cela signifie qu'elles sont proposées à 100 pourcents de leur valeur nominale (ou à un prix légèrement supérieur ou inférieur). En plus de ce prix d'achat, vous ne payez que la taxe boursière de 0,14 pourcent. Certaines banques se permettent toutefois d'imputer aux acheteurs un coût fixe (d'ailleurs modeste) de 100 à 200 francs. Mais cette pratique ne vise que les nouveaux clients qui refusent d'ouvrir un compte ou qui exigent la livraison physique des titres.

Vous pouvez aussi acheter en Bourse, sur ce qu'on appelle souvent le "marché secondaire", une obligation émise antérieurement. Mais les frais liés à l'acquisition de ces "obligations de seconde main" sont nettement plus élevés. En plus de la taxe boursière, en effet, vous devez alors payer une commission à la banque ou à la société de Bourse (ancien agent de change) qui exécute votre ordre. Pour un ordre de 100.000 francs, ces frais d'achat s'élèvent à 1,12 pourcent environ. C'est dire qu'ils sont nettement plus élevés que sur le marché primaire. Si la durée restante de votre obligation est de trois ans, ces frais diminueront votre rendement annuel de quelque 0,36 pourcent. Dans cet exemple, une obligation de trois ans avec un rendement de 6 pourcents ne rapporte donc effectivement, tous frais payés, que 5,63 pourcents.
Si vous achetez des obligations pour des montants inférieurs à 100.000 francs, les frais sont encore plus élevés: ils peuvent atteindre 1,5 pourcent, voire 2 pourcents, ce qui réduit considérablement votre rendement. Pour les montants importants, par contre, les frais d'achat sont légèrement inférieurs à 1,2 pourcent.
Pour calculer facilement le véritable rendement de votre obligation, demandez à votre banquier ou à votre société de Bourse de vous en indiquer le prix tous frais et taxes compris. Ce prix est exprimé en pourcents: par exemple 104 %. Dans cet exemple, vous achetez donc nettement **au-dessus du pair**. Cela signifie que, pour une obligation dont la valeur à l'échéance est de 100.000 francs, vous devez débourser 104.000 francs à l'achat, tous frais et taxes compris. Pour savoir (par approximation) dans quelle mesure

votre rendement annuel en sera affecté, divisez cette différence de quatre pourcents par la durée restante de vos obligations. Si l'obligation de cet exemple a une durée restante de quatre ans, son rendement réel se situe un pourcent plus bas que le taux du coupon.

Si votre banquier vous communique, pour une obligation, un prix de 106 pourcents (par exemple), ne vous hâtez cependant pas de crier au scandale, car ce prix reflète également la valeur vénale de l'obligation, laquelle est liée à l'in-

térêt de ladite obligation. Pour une obligation émise voici quelques années à un taux de 10 pourcents, par exemple, il n'y a rien d'anormal, aujourd'hui que les taux d'intérêt sont bas, à devoir payer plus de cent pourcents!

Lors de l'achat d'obligations sur le marché secondaire, vous remarquerez généralement aussi, sur votre décompte, un montant d'"intérêts écoulés". Ce supplément, que vous devez payer au vendeur des titres, couvre les intérêts qui lui sont dus depuis le dernier coupon échu. Mais il ne s'agit pas à proprement parler de frais, puisque, lorsque vous toucherez le prochain coupon, vous recevrez tous les intérêts de l'année écoulée, comme si vous aviez été propriétaire des titres dès le premier jour. Il va de soi que les intérêts antérieurs à votre acquisition reviennent de droit à l'ancien propriétaire des obligations. C'est pour des raisons pratiques qu'ils lui sont versés lors du transfert des titres.

Un vaste choix

Côté frais, les "obligations de seconde main" marquent donc clairement le pas. Mais elles ont l'avantage d'offrir à l'investisseur un choix plus vaste. Sur le marché primaire, il n'y a chaque semaine qu'un nombre limité de nouvelles émissions. Pour peu que vous ayez des exigences précises en matière de durée ou de devise, vous risquez donc de devoir attendre longtemps. Parfois, il est même impossible de tomber sur l'oiseau rare. Si vous ne voulez placer votre argent que pour un an ou deux, par exemple, vous aurez du mal à trouver votre bonheur sur le marché primaire, la plupart des obligations étant émises pour une durée de cinq à dix ans. En pareil cas, votre seul recours est d'acheter en Bourse des obligations "de seconde main". Mais, pour une courte durée, assurez-vous que les frais d'acquisition ne sont pas trop élevés. Plus la durée est brève, en effet, plus les frais grignotent votre rendement. Les publications spécialisées en investissements (voir aussi Conseil n° 17) vous proposent toute une gamme d'obligations, tant sur le marché primaire que sur le marchés secondaire. Vous pouvez aussi interroger votre banquier sur les obligations qui lui paraissent actuellement correspondre à vos souhaits en matière de durée, de devise et de rendement.

Conseil n°19

Fonds d'obligations ou obligations?

Vous investissez de temps en temps en obligations? Dans ce cas, votre banquier vous a peut-être déjà proposé d'entrer dans une ***sicav obligations***. Mais, avant d'obtempérer, réfléchissez bien au type de placement que vous souhaitez. Car, entre une obligation et un fonds d'obligations, il existe des différences importantes.

Obligations sans échéance

Une des principales différences tient à la (non-)fixation d'une échéance. Avec une obligation, vous savez exactement à quoi vous attendre: à l'échéance, vous récupérerez de toute manière votre argent (à moins que le débiteur de l'obligation ne respecte pas ses engagements, mais c'est plutôt l'exception que la règle). Par contre, si vous investissez dans une sicav obligations, votre placement n'a pas d'échéance. Car, en principe, une sicav n'a pas de fin.

Les **sicav obligations** sont des fonds de placement obligataires conviviaux. Le principe de ces fonds est simple: vous cédez votre argent à la banque et celle-ci le place en obligations, en même temps que les capitaux de milliers d'autres investisseurs. En prenant la banque comme intermédiaire, vous bénéficiez d'un avantage fiscal, puisque vous esquivez ainsi le précompte mobilier. L'inconvénient de ces fonds, par comparaison avec les obligations normales, est qu'ils ne prévoient pas d'échéance fixe pour la récupération de votre capital.

Cela ne veut évidemment pas dire que vous ne pourrez jamais rentrer en possession de votre argent. Au contraire, puisque vous pouvez revendre vos parts à la banque à tout moment... mais seulement à leur valeur d'inventaire du jour. Si les taux d'intérêt montrent une forte tendance à la hausse, il est normal que la valeur des obligations, et donc aussi des fonds d'obligations, diminue. En 1994, nombre d'investisseurs en ont fait la triste expérience, à tel point qu'il a été question d'un véritable "crash obligataire", les cours des obligations marquant un recul de plus de 15 pourcents. Quand les taux d'intérêt baissent, par contre, la valeur des obligations et des fonds d'obligations augmente automatiquement. D'où les beaux bénéfices enregistrés en 1993.
Les obligations normales sont également affectées par ce

phénomène. S'il vous est arrivé d'en revendre avant l'échéance, vous vous en êtes sûrement rendu compte. Mais, en dehors de ce cas particulier, vous n'avez pas à vous inquiéter des fluctuations de cours intermédiaires: à l'échéance, rien ne vous empêchera de récupérer votre argent. Cette échéance contribue donc à rendre une obligation normale beaucoup plus attractive qu'un fonds.

Pas de précompte mobilier

Cet inconvénient est cependant partiellement compensé par un avantage: grâce aux sicav et bevek obligations, vous pouvez esquiver le précompte mobilier en toute légalité. A l'inverse, si vous achetez personnellement une obligation, vous êtes tenu de payer 15 pourcents de précompte mobilier sur le coupon touché. Vous pouvez évidemment y échapper en allant encaisser vos coupons au Luxembourg ou aux Pays-bas, mais, dans ce cas, vous vous rendez coupable de fraude (voir aussi Conseils n° 16, 37 et 38). Les sicav et bevek, pour leur part, bénéficient d'un statut fiscal favorable. Si ces fonds encaissent des coupons d'obligations, ils ne sont pas soumis au précompte mobilier. De ce fait, le rendement d'une sicav obligations sera toujours supérieur, en principe, à celui d'un portefeuille d'obligations identique composé par un particulier.

Pour répercuter cet avantage fiscal sur l'investisseur, les banques ont dû trouver une astuce. Car, si elles versent annuellement les intérêts reçus à l'investisseur, – dans le jargon des investisseurs, on parle alors d'une ***sicav de distribution***, – celui-ci doit payer le précompte mobilier, qui s'élève à 15 pourcents pour une bevek et qui peut aller jusqu'à 25 pourcents pour une sicav. Dès lors, l'avantage fiscal est réduit à rien (et même à moins que rien si vous optez pour une sicav de distribution).
L'artifice imaginé par les banques se présente comme suit: les coupons d'obligations encaissés ne sont pas distribués à l'investisseur, mais ajouté au patrimoine du fonds et aussitôt réinvestis. Dans le jargon des investisseurs, on parle alors d'une ***sicav de capitalisation***. Vous ne recevez donc jamais de coupons, mais, en échange, vous voyez augmenter la valeur de vos parts (la valeur d'inventaire des fonds de placement est publiée quotidiennement dans la presse). Si vous souhaitez convertir cette plus-value en espèces sonnantes et trébuchantes, vous devez revendre (une partie de) vos parts. De cette manière, vous pouvez échapper en toute légalité au précompte mobilier sur les obligations.
A première vue, votre choix est donc limité: ou bien vous

Une **sicav de distribution** verse chaque année à l'investisseur les intérêts reçus. Les **sicav de capitalisation** ne versent pas automatiquement les intérêts à date fixe, mais ne les paient qu'au moment où l'investisseur revend ses parts de la sicav.

Les **fonds d'obligations à échéance fixe** sont des sicav obligations qui se distinguent par une échéance et une garantie morale de rendement. Le terme "morale" s'explique par le fait que, juridiquement, les banques ne peuvent pas offrir une garantie de rendement sur un fonds de placement. Dans la pratique, toutefois, il ne fait quasiment aucun doute que le rendement "promis" sera effectivement versé.

optez pour l'avantage fiscal d'une sicav obligations, ou bien vous donnez la préférence à l'échéance fixe avec garantie de rendement d'une obligation individuelle. Avec l'introduction des **fonds d'obligations à échéance fixe**, les banques ont tenté de combiner les deux avantages. Comme leur nom l'indique, il s'agit de sicav et bevek obligations auxquelles les banques ont fixé une échéance. Dès lors, l'investisseur pouvait faire d'une pierre deux coups, puisqu'il bénéficiait d'un placement à échéance tout en étant exonéré de précompte mobilier. Mais c'était évidemment trop beau pour durer. A peine le Ministre eut-il été mis au courant de cette manière d'éviter massivement le précompte mobilier qu'une nouvelle loi entra en vigueur. Depuis lors, tous les revenus des fonds d'obligations à échéance fixe sont soumis à un précompte mobilier de 15 pourcents, que ces intérêts soient versés en finale, comme plus-value, ou bien sous la forme d'un coupon annuel. Seule exception: si la durée du fonds dépasse huit ans, l'exonération de précompte mobilier est maintenue pour les sicav et bevek de capitalisation.

Remarque: si vous envisagez d'acheter une sicav obligations, tenez compte du fait que, au moment de l'achat, vous devrez payer tant les frais bancaires que la taxe boursière. En règle générale, ces frais sont légèrement plus élevés qu'à l'achat d'une obligation ordinaire (voir aussi Conseil n° 18), mais ils n'abolissent pas entièrement l'avantage fiscal. Les frais bancaires, qui varient d'une banque à l'autre, comprennent, d'une part, des frais d'entrée, qui ne sont dus qu'une seule fois, et, d'autre part, des frais de gestion annuels récurrents. Les frais d'entrée s'élèvent en moyenne à 1,5 pourcent, parfois davantage. Retenez que les fonds chers ne sont pas forcément les mieux gérés. Les frais de gestion annuels atteignent en moyenne quelque 0,5 pourcent. Là encore, payer plus, c'est payer cher – et le fonds n'est pas meilleur pour autant.

Le taux de la taxe boursière dépend du type de fonds que vous choisissez. Si vous optez pour une sicav avec avantage fiscal, vous payez la taxe boursière majorée de 1 pourcent à l'achat et de 0,5 pourcent à la vente. Si vos préférences vont à une sicav de distribution, vous ne paierez que 0,14 pourcent de taxe boursière à l'achat, et rien du tout à la vente (voir aussi annexe 2).

Conseil n°20

Le meilleur placement: les actions!

Un rendement annuel moyen de plus de dix pourcents... qui n'en rêve pas? Or, ce rêve n'est pas difficile à réaliser. Il suffit de placer vos économies en actions!
Les actions sont incontestablement le placement le plus rentable. Que nous retournions 20, 40, 100 ou 200 ans en arrière, l'histoire est formelle à ce sujet. Mais laissons parler les chiffres. Un franc investi en actions en 1800 vaudrait aujourd'hui près d'un million. Ce même franc, investi en obligations d'Etat, vaudrait à peine 5.800 francs. Ces statistiques historiques ne vous satisfont pas? Dans ce cas, étudiez donc les chiffres des 40 dernières années: la similitude est frappante. Une somme de mille francs investie en actions en 1952 avait, en 1992, une valeur de plus de 27.000 francs, ***rendement sur dividende et bénéfice sur cours*** inclus. Investie en obligations d'Etat, cette même somme aurait valu 11.500 francs à peine en 1992.

Des bénéfices à la pelle

Ces exemples sont évidemment un peu irréalistes. Car investir, c'est tout autre chose que d'acheter des actions ou des obligations, à un certain moment et pour un certain montant, puis de les abandonner à leur sort pendant quarante ans. Dans la pratique, c'est tout au long de leur vie que la plupart des gens mettent patiemment de l'argent de côté – et ces économies, ils souhaitent les placer au mieux. Parfois un peu plus, parfois un peu moins. Mais ce comportement d'épargne n'enlève rien à la séduction de la Bourse. Tout au contraire: l'argent que vous réussissez à épargner tous les mois ou tous les ans, en guise de poire pour la soif, doit absolument être investi en Bourse. Peu importe que vous choisissiez les actions vous-même ou que vous passiez par une sicav actions (voir Conseils n° 23, 24 et 25). Pourvu que vous ne commettiez pas l'erreur de laisser vos économies sur un livret d'épargne toute votre vie durant, ou de les placer en bons de caisse. Car ce serait renoncer à ramasser les bénéfices à la pelle.
Les chiffres suivants seront-ils assez réalistes pour vous persuader? Le fana de la Bourse qui, au cours des 40 dernières années, aurait placé annuellement 25.000 francs en actions disposerait aujourd'hui d'un capital de quelque dix millions (du moins s'il avait été assez discipliné pour réinvestir systématiquement en Bourse les ***dividendes*** obtenus). Par contre, l'investisseur qui aurait placé ces mêmes 25.000 francs d'économies par an en obligations d'Etat

---

Les actions doivent leurs brillantes prestations au fait qu'elles combinent deux manières différentes de faire des bénéfices.
Tout d'abord, vous avez droit chaque année à une partie du bénéfice de l'entreprise. Comme actionnaire, vous êtes en effet bailleur de fonds, et donc copropriétaire de l'entreprise. Dans le jargon des investisseurs, ce bénéfice qui vous est attribué est appelé **dividende**. En moyenne, le **rendement sur dividende** d'une action tourne autour de 3 pourcents.

Ce rendement sur dividende est généralement complété par le **bénéfice sur cours**. Supposons que vous achetiez aujourd'hui à la Bourse une action de 1.000 francs. L'an prochain, le cours de cette action aura peut-être atteint 1.100, voir 1.200 francs. Pendant les 40 dernières années, le cours moyen des actions a augmenté de plus de 7 pourcents par an.

n'aurait édifié, au cours des quarante dernières années, qu'un capital de 4 millions (en supposant, là encore, que tous les coupons aient été réinvestis en obligations d'Etat).

Convaincu? N'allez pas pour autant vous précipiter à la Bourse avec toutes vos économies! Un de ces jours, vous aurez peut-être envie d'acheter une nouvelle voiture. Ou bien vous aurez besoin d'argent, dans un avenir plus ou moins proche, pour célébrer dignement les mariages de vos enfants. A moins que vous ne teniez tout simplement à conserver une réserve pour les cas d'urgence. Pour cet argent-là, mieux vaut chercher un investissement moins risqué. Pour peu que vous ayez de la malchance, en effet, la Bourse chutera l'an prochain de vingt pourcents, juste au moment où vous voudrez vendre. Car les cours de la Bourse ne peuvent pas être perpétuellement à la hausse: il leur arrive aussi de baisser, et il faut alors un certain temps pour compenser la perte. Mais, si vous savez attendre, votre récompense sera à la mesure de votre patience.

Return historique moyen de différentes formes de placements

Actions belges(51-93): 13,1 pourcents
Obligations d'Etat (51-93): 7,5 pourcents
Immobilier (62-89): 10 pourcents
Or (52-92): 6,21 pourcents
Inflation (51-93): 4,2 pourcents

- - - *Conseil n°21*
Les actions au rendement le plus élevé

Vous pouvez vous passer de votre argent pendant quelques années, mais vous tenez à en tirer un rendement maximum? Dans ce cas, la Bourse est pour vous la solution idéale. Car, même si les cours des actions baissent de temps à autre, aucun placement, calculé sur plusieurs années, n'est plus rentable qu'un portefeuille d'***actions*** (voir aussi Conseil n° 20). Reste à savoir quelles actions acheter. Le choix est si grand que, pour un profane, il n'est pas facile de repérer les meilleures actions. Même si vous ignorez le b.a.-ba de la Bourse, cependant, vous pouvez investir avec succès. A condition de ne pas vous mettre à acheter des actions au petit bonheur, sous prétexte que vous avez lu quelque chose à leur sujet. Parions qu'à tous les coups, vous ferez le mauvais choix!

Pour tirer votre épingle du jeu, mieux vaut vous y prendre autrement. Vous pouvez évidemment laisser à un gestionnaire professionnel le soin de choisir pour vous et acheter des parts d'une ***sicav actions*** (voir Conseils n° 23, 24 ou 25). Cette décision se justifie d'autant mieux qu'elle vous épargne une masse de travail, tout en vous protégeant contre les mauvais choix. La plupart des fonds de placement ont en effet un portefeuille d'actions si diversifié que les risques sont automatiquement couverts.

Stratégie

Toutefois, même si vous tenez à sélectionner vous-même vos actions, le fiasco n'est pas inévitable. Vous pouvez même vous en tirer mieux que le fonds "moyen". Aux Etats-Unis, d'excellents résultats ont été obtenus, dans le passé, avec une stratégie boursière d'une grande simplicité, qui fonctionne comme suit. Ouvrez le journal à la page des cours de la Bourse, cherchez les actions qui ont le ***rendement sur dividende*** le plus élevé, composez votre top-10 et achetez les dix actions qui y figurent. Un an plus tard, jour pour jour, composez un nouveau top-10 et adaptez votre portefeuille en conséquence, afin qu'il réunisse de nouveau les dix actions qui battent les records de rendement. Continuez ainsi d'année en année, et vous pourriez bien réaliser ainsi de plus gros bénéfices que la sicav actions "moyenne"!

Durant les 25 dernières années, le rendement obtenu aux Etats-Unis grâce à cette stratégie d'une simplicité enfantine a dépassé celui de la Bourse dans son ensemble. Investir de cette manière, c'est s'assurer un bénéfice annuel moyen de 15,4 pourcents, bénéfice sur cours et rendement sur dividende inclus. Pendant la même période, le Dow Jones, l'indice boursier américain de référence, n'a augmenté que de 11,4 pourcents par an (également bénéfice sur cours

Toute **action** représente une part du capital d'une entreprise. En achetant des actions, vous devenez donc copropriétaire de cette entreprise et vous recevez chaque année votre part du bénéfice (le **dividende**). De plus, il y a de fortes chances pour que les actions des entreprises performantes augmentent en valeur, ce qui vous permet de réaliser un joli **bénéfice sur cours**.

Si vous achetez des parts d'une **sicav actions** (la forme fiscalement avantageuse d'un fonds de placement spécialisé en actions), votre argent est investi en Bourse, en même temps que celui de milliers d'autres personnes. Le gestionnaire de la sicav sélectionne alors à votre place les actions les plus intéressantes.

La part du bénéfice de l'entreprise que vous recevez chaque année, en tant qu'actionnaire, est également appelée dividende. Si vous recevez un dividende de 30 francs alors que vous avez payé l'action 1.000 francs, votre **rendement sur dividende** est de trois pourcents (30 francs / 1.000 francs x 100).

et rendement sur dividende inclus). Et la formule devient encore plus intéressante quand, sur les dix actions bénéficiant du rendement sur dividende le plus élevé, vous choisissez les cinq actions les moins chères. Autrement dit, une action qui ne coûte que 1.000 francs est préférable à une action qui en coûte 5.000. Aux Etats-Unis, le return annuel moyen de ce portefeuille top-5 a été de 20 pourcents durant les 25 dernières années. Cette stratégie a d'ailleurs été appliquée avec un égal succès à Tokyo, Hong-Kong et Londres. Et en Belgique? Chez nous, elle vous aurait rapporté, entre 1988 et 1995, un rendement annuel moyen de 8,5 pourcents, alors que, dans le même temps, la Bourse dans son ensemble n'a pas dépassé les 6 pourcents. C'est dire qu'acheter des actions dont le rendement sur dividende est élevé est loin d'être du gaspillage!

Au travail!

Pour composer votre top-10, puis votre top-5, contentez-vous des actions du "marché à terme" belge, qui traite les 45 actions belges les plus importantes. Pour que le système fonctionne, en effet, il est inutile de prendre les autres en considération, et votre tâche en sera facilitée d'autant, la liste des cours du marché à terme étant beaucoup moins longue que celle du marché au comptant, où sont cotées toutes les actions belges.

En pratique

Dans le journal L'Echo, vous trouverez quotidiennement, dans l'annexe Bourses et marchés, les cours du marché à terme et du marché au comptant. Les cours du marché à terme, qui figurent à la deuxième page, englobent, en plus des actions belges, toute une série d'actions étrangères, mais celles-ci ne doivent pas être prises en considération dans cette stratégie. Vous les reconnaîtrez au code pays accolé à leur nom. Le rendement sur dividende des actions apparaît dans la colonne "rendement". C'est de ces chiffres que vous avez besoin. Alignez-les et sélectionnez les dix actions qui ont le rendement le plus élevé. De ces dix actions, retirez ensuite (en consultant la colonne "clôture") les cinq qui ont le cours le plus bas, et le tour est joué. Vous voilà tranquille pour un an!

Conseil n°22
Achats d'actions... Comment commencer?

En tant que particulier, vous ne pouvez pas vous rendre

vous-même à la Bourse pour acheter des actions. Les achats en Bourse sont en effet réservés aux courtiers agréés. Autrefois, il s'agissait des traditionnels "agents de change", mais, il y a quelques années, une réforme boursière a transformé le statut d'agent de change en celui de ***"société de Bourse"***.

Banque ou société de Bourse?

Si vous voulez acheter ou vendre en Bourse, rien ne vous empêche de passer par votre banquier, celui-ci ayant également accès à la Bourse. Souvent, les particuliers préfèrent transmettre leurs ordres de Bourse par l'intermédiaire de leur agence bancaire, tout simplement parce qu'ils ont des contacts réguliers avec elle. Mais, si vous attendez de votre banque qu'elle vous conseille utilement en matière d'actions, vous risquez d'être déçu. Surtout s'il s'agit d'une petite agence de campagne, où vous aurez déjà de la chance si les employés sont capables d'épeler correctement les noms des actions. Aussi les fervents de l'investissement ne tardent-ils pas à s'adresser à une société de Bourse spécialisée, dont le personnel est plus familiarisé avec le marché des actions et donc mieux à même de conseiller la clientèle. De plus, différentes sociétés de Bourse envoient gratuitement à leurs bons clients, à intervalles réguliers, une lettre d'information boursière bourrée de recommandations concrètes et d'astuces. Un avantage souvent très apprécié.

Les **sociétés de Bourse** sont les anciens agents de change. Elles sont mandatées pour négocier en Bourse. Vous pouvez passer vos ordre de Bourse par leur intermédiaire.

En ce qui concerne les frais de transaction, il n'y a pas de différence notable entre les sociétés de Bourse et les banques. Les unes et les autres font généralement payer les frais de transaction suivants:
- un coût variable de 1% du montant de la transaction,
- un droit fixe de 200 francs,
- 100 francs de frais de livraison, si vous faites livrer les titres. Ce qui n'est pas une nécessité.

Si vous achetez un paquet d'actions d'une valeur de 50.000 francs, que vous revendez ultérieurement pour 60.000 francs, vous aurez payé sur les deux transactions un total de 1.700 francs en guise de commission au courtier. Ajoutez-y la taxe boursière de 0,35 pourcent que vous devez payer à l'Etat, tant à l'achat qu'à la vente, et le coût total atteindra 2.085 francs. Votre bénéfice final n'est donc pas de 10.000 francs (20 pourcents), mais seulement de 7.915 francs (15,8 pourcents). C'est dire que les frais de transaction peuvent sensiblement affecter le rendement de votre placement.

Si vous voulez réduire les frais, tenez compte des points suivants:

- *D'une enquête de Test-Achats, il ressort que certaines sociétés de Bourse sont meilleur marché que la plupart de leurs consœurs. Citons notamment: Paribas (pour les ordres à partir d'un million), Coppin, De Paeuw (02/673.77.11), Damien Courtens ((02/215.25.16), De Maertelaere (02/511.56.30), Gestrabel (02/512.71.30).*
- *Plus le montant de la transaction est élevé, plus les frais (exprimés en pourcentage) sont bas. Si vous achetez par exemple un paquet d'actions d'une valeur de 50.000 francs, vous paierez environ 975 francs de frais, soit 1,95 pourcent du montant de la transaction. En tenant compte à la fois de l'achat et de la vente, vous y perdrez près de 4 pourcents de votre rendement. Si vous faites exécuter un ordre de 500.000 francs, par contre, vous paierez 7.250 francs de frais, soit 1,45 pourcent seulement. Sur l'achat et la vente ensemble, vous ne perdrez donc que 3 pourcents de votre rendement. En outre, la plupart des institutions pratiquent des tarifs inférieurs pour les ordres très importants (plus d'un million), ce qui vous permet de ramener vos frais de transaction entre 0,5 et 1 pourcent par transaction (1 à 2 pourcents pour l'achat et la vente ensemble).*

Pour passer un ordre de Bourse relatif à des actions, vous ne devez pas oublier de mentionner un certain nombre de détails. Nous les énumérons ci-dessous.

Seules les 45 actions les plus importantes sont cotées sur le **marché à terme**. Le cours de ces actions change constamment. Une heure après avoir acheté un paquet d'actions, vous pouvez le revendre à un autre cours.

Toutes les actions belges sont traitées sur le **marché au comptant**. Un seul cours y est fixé par jour, un équilibre étant ainsi recherché entre vendeurs et acheteurs. Ce cours est appelé le **cours du jour**.

Au comptant ou à terme?

L'ordre doit-il être exécuté sur le ***marché au comptant*** ou sur le ***marché à terme***? La spécificité du marché à terme est que vous ne devez y payer vos achats que le dernier jour de la "quinzaine" (et, dans la pratique, quelques jours plus tard). Une quinzaine étant une période de quatorze jours fixée à l'avance. Achetez au début de cette période et vous ne devrez payer que deux semaines plus tard. Si vous vous attendez à ce que le cours d'une action continue à grimper, vous pouvez donc essayer de faire des bénéfices sans débourser un franc. La stratégie est très simple: vous achetez (sans payer) le premier jour de la quinzaine et, si le cours a suffisamment monté quelques jours plus tard, vous revendez. Le dernier jour de la quinzaine, vous devrez évidemment payer, mais vous pourrez aussi toucher le produit de votre vente. Et, si le prix des actions a augmenté entre votre achat et votre vente, vous toucherez plus que

vous ne devrez payer. Ce qui veut dire, concrètement, que la banque ou la société de Bourse vous versera immédiatement le surplus. Vous avez eu la malchance de devoir revendre à un cours inférieur au cours d'achat? Dans ce cas, vous devrez payer la différence entre le cours de vente et le cours d'achat le dernier jour de la quinzaine.
Sur le marché au comptant, tant la livraison que le paiement des actions doivent en principe avoir lieu le jour même de la transaction. Si vous voulez traiter sur le marché au comptant, deux choses doivent retenir votre attention. Tout d'abord, l'action est-elle cotée sur le marché du double fixing (l'ancienne "corbeille") ou sur celui du simple fixing (l'ancien "parquet")? Vous pouvez vous en assurer en consultant les cours de la Bourse dans le journal. Tenez également compte du fait que l'écart avec le cours précédent ne peut pas dépasser 5 pourcents.

Cours-limite

L'ordre peut-il être exécuté au ***cours du jour***, ou bien souhaitez-vous limiter le cours? Dans ce cas, vous pouvez ***limiter votre ordre d'achat***, en indiquant un cours limite, c'est-à-dire le cours maximal auquel l'ordre peut être exécuté. Si le cours dépasse la limite indiquée, l'achat n'est pas effectué. De cette manière, vous ne paierez jamais une action plus cher que prévu.
De même, en cas de vente, vous pouvez préciser le cours minimum au-dessous duquel les actions ne peuvent pas être vendues. Vous avez ainsi l'assurance que vos actions ne seront pas vendues à un prix trop bas.
Afin d'éviter les surprises désagréables, vous avez intérêt à toujours limiter vos ordres. Mais ne fixez pas votre limite d'achat trop haut, même lorsque le cours ne cesse de grimper: tôt ou tard, il finira bien par redescendre.
Les ordres illimités ou au cours du jour sont donc rarement à conseiller.
Par ailleurs, il est généralement admis qu'un cours limite ne doit jamais consister en un nombre rond. Si vous voulez acheter des actions, fixez votre limite légèrement au-dessus d'un nombre rond, par exemple à 3.050 francs ou à 410 francs. Le raisonnement est le suivant: dans la pratique, les cours des actions ont souvent du mal à dépasser un nombre rond, mais, une fois ce cap franchi, il y a de fortes chances pour que le cours poursuive son ascension pendant un certain temps. Pour la même raison, la limite d'un ordre de vente doit être légèrement au-dessous d'un nombre rond.

Limiter un ordre d'achat consiste à indiquer le cours maximum au-dessus duquel votre ordre ne peut pas être exécuté. Pour **limiter votre ordre de vente**, vous devez indiquer le cours minimum au-dessous duquel la vente ne peut pas avoir lieu.

_ _ _ *Conseil n°23*

Investir en actions avec une sicav actions.

Toutes les études le prouvent: à long terme, aucun placement ne rapporte autant que les actions (voir aussi Conseil n° 20). Mais le revers de la médaille est que, de temps à autre, les cours des actions chutent. Quand le prochain repli va-t-il se produire? Personne n'est en mesure de le prédire à coup sûr. Avec un peu de malchance, vous risquez donc d'investir la veille d'une baisse – et il vous faudra des mois, voire des années, pour récupérer votre capital de départ. Mais, si vous n'êtes pas à une année près, vous pouvez être tranquille: tout finira par s'arranger et votre patience sera largement récompensée. Il en a toujours été ainsi et il n'y a pas de raison pour que ça change.

Pour l'argent dont vous pouvez vous passer pendant les cinq à dix prochaines années, l'investissement le plus rentable est donc sans conteste un placement en actions. Mais peut-être n'avez-vous ni le temps ni l'envie d'ouvrir quotidiennement votre journal à la page des cours de la Bourse, de vous informer de la santé des entreprises et d'éplucher leurs rapports annuels? Dans ce cas, vous aurez du mal à faire votre choix, le "stockpicking", c'est-à-dire, dans le jargon du métier, la sélection des meilleures actions, exigeant un travail de recherche considérable (sauf si vous appliquez la stratégie du Conseil n° 21). Si vous préférez laisser ce travail à un gestionnaire professionnel, qui passe toutes ses journées à la Bourse, vous pouvez décider d'investir par l'intermédiaire d'une ***sicav actions***. Cela signifie que, comme des milliers d'autres investisseurs, vous versez votre argent dans un fonds de placement, afin que le gestionnaire de ce fonds l'investisse dans des actions présentant des perspectives intéressantes. Avantage supplémentaire: ce fonds contient tellement d'argent que le capital disponible peut être réparti entre de nombreuses actions différentes. Même si les performances d'une de ces actions sont moins bonnes que prévu, le contrecoup sur la valeur de l'ensemble est minime.

Une **sicav actions** est un fonds de placement dans lequel des milliers d'investisseurs versent leur argent. Ensemble, tous ces capitaux sont investis en actions par le gestionnaire du fonds. Le principal avantage de ce fonds est que vous ne devez pas sélectionner vous-même les actions. En outre, ce fonds contient tant d'argent que celui-ci peut être réparti entre de nombreuses actions différentes, afin de limiter les risques.

Avantage fiscal

En plus d'une gestion professionnelle et d'une grande diversification, une sicav actions peut également vous assurer un avantage fiscal. Si cette sicav touche des dividendes, en effet, ceux-ci sont exonérés de précompte mobilier. Lorsque vous achetez des actions vous-même, par contre, vous devez payer le précompte mobilier sur les dividendes distribués (voir aussi Conseils n° 31 et 36). Et, jusqu'à nouvel ordre, ce précompte est de 25 pourcents pour la plupart des actions. L'exonération de précompte mobilier dont bénéficie une sicav relève donc considérablement le rendement de ce type de placement. Autrement dit, si vous composez vous-même votre portefeuille d'actions, vous devez faire mieux que le gestionnaire d'une sicav pour obtenir le même rendement.

Attention: cette exonération ne s'applique ni aux sicav luxembourgeoises ni aux fonds de placement belges ordinaires, qui doivent, à l'instar de l'investisseur privé, payer le précompte mobilier sur les dividendes encaissés. Fiscalement, ils ne présentent donc aucun avantage par rapport au portefeuille d'actions composé par un particulier. C'est d'ailleurs pour cette raison que la plupart des banques ont constitué leur fonds d'actions en sicav de droit belge. L'EMI Fund Belgian Index Plus de la Kredietbank fait toutefois exception à cette règle, puisqu'il s'agit d'une sicav luxembourgeoise, qui ne présente aucun intérêt pour les investisseurs belges. Si vous en possédez des parts, mieux vaut les échanger contre d'autres. Heureusement, la Kredietbank propose aussi le KB Belgian Index Fund, qui présente, quant à lui, la structure fiscalement avantageuse de la sicav de droit belge, sans pour autant forcer sur les frais.

Pour répercuter sur l'investisseur final l'avantage fiscal de l'exonération de précompte mobilier, les banques ont dû trouver une astuce. Si elles se contentaient de verser les dividendes à l'investisseur, en effet, celui-ci serait redevable du précompte mobilier. Pour tourner cette difficulté, les sicav belges ont la possibilité d'ajouter les dividendes au patrimoine du fonds (c'est-à-dire, en jargon de métier, de les "capitaliser") au lieu de les verser annuellement à l'investisseur. En pratique, ces dividendes sont donc réinvestis, et la valeur de la sicav en est augmentée d'autant. En tant qu'investisseur, vous ne touchez donc jamais de coupon, mais, en échange, vous voyez augmenter la valeur de vos parts. Et, le jour où vous revendez vos parts à la banque, vous touchez cette plus-value sans avoir à payer de précompte mobilier. Si vous tenez à encaisser annuellement un coupon, vous pouvez évidemment opter pour une ***sicav de distribution*** (en lieu et place de la ***sicav de capitalisation*** décrite ci-dessus). Mais, dans ce cas, vous n'échapperez que partiellement au précompte mobilier, les coupons distribués par une sicav belge étant soumis à un pré-

La **sicav de distribution** verse chaque année les dividendes obtenus à l'investisseur sous la forme d'un coupon. Au lieu de distribuer annuellement les dividendes, la **sicav de capitalisation** les ajoute au patrimoine du fonds, de manière à pouvoir les replacer. Si vous vendez vos parts, ce bénéfice vous sera versé sous la forme d'une plus-value exonérée d'impôt.

compte mobilier de 15 pourcents (au lieu de 25 pourcents quand vous investissez directement en actions).

Frais et taxes

Les différents avantages offerts par les sicav ne sont évidemment pas gratuits. Pour être accueilli dans une sicav, vous devez payer des frais d'entrée, ainsi que la taxe boursière. De plus, le gestionnaire du fonds prélève chaque année des frais de gestion sur le patrimoine qu'il gère. Et, lorsque vous vendez vos parts, vous devez, dans certains cas, payer des frais de sortie, et vous êtes à nouveau redevable d'une taxe boursière. Les frais d'entrée et de sortie, qui ne doivent être payés qu'une seule fois, varient d'une banque à l'autre, la plupart des banques laissant d'ailleurs tomber les frais de sortie. En règle générale, les frais d'entrée tournent autour de 2 pourcents. Mais, s'ils sont plus élevés, n'en déduisez pas que la sicav est mieux gérée, ou, s'ils ne sont que de 1 pourcent, que les performances de la sicav sont médiocres. Quant aux frais de gestion, payables chaque année, ils sont habituellement de 0,5 pourcent. Certaines sicav sont "plus chères" et d'autres "meilleur marché", mais, là encore, l'importance des frais de gestion n'a rien à voir avec la qualité de ladite gestion. Optez donc sans hésitation pour la sicav qui vous réclame le moins de frais. De ce point de vue, les sicav actions les plus avantageuses sont celles du Crédit Communal, de la Kredietbank et de la société de Bourse Puilaetco.

En ce qui concerne la taxe boursière, il existe deux taux différents. Pour une ***sicav de capitalisation*** (qui vous permet d'esquiver le précompte mobilier), vous devez payer 1 pourcent de taxe boursière à l'achat et 0,5 pourcent à la vente. Pour une ***sicav de distribution*** (qui ne vous assure qu'une exonération partielle de précompte mobilier), vous ne payez que 0,14 pourcent à l'achat et rien à la vente. Grâce à l'économie réalisée sur le précompte mobilier, toutefois, il ne faut même pas deux ans pour récupérer la taxe boursière majorée d'une sicav de capitalisation (voir aussi annexe 2).

Ratio de rendement

A cause des fluctuations des cours, les placements en actions ne sont jamais sans risque. Personne, en effet, ne peut prédire avec certitude quand les cours des actions vont grimper. Mais la hausse est-elle probable ou non? Vous pouvez le déduire du ***"ratio de rendement"***, très surveillé dans les milieux financiers. Ce ratio, qui compare le rendement sur dividende des actions avec le rendement des obligations, révèle de façon très fiable si la Bourse est "chère" ou "bon marché". En moyenne, la valeur de ce ratio est de 2,5. Lorsqu'elle descend au-dessous de 2, la Bourse est particulièrement bon marché et la probabilité d'une hausse est élevée. Si ce ratio dépasse 3, par contre, il est question d'une Bourse "chère", que vous avez tout intérêt à éviter. Pure théorie? De toute évidence non, puisqu'il est apparu au cours des dernières années que les fluctuations boursières "collaient" à l'évolution de ce ratio de rendement. Durant les dix dernières années, chaque fois que le ratio de rendement est descendu au-dessous de 2,2, une hausse importante a suivi. Et, chaque fois qu'il a franchi le cap du 3, les cours ont dégringolé.

S'il est assez difficile de calculer soi-même le ratio de rendement, il est facile de consulter le journal L'Echo. A la page 8 de l'annexe "Bourses et marchés", qui y figure quotidiennement, vous trouverez en bas à gauche un tableau intitulé "Indices". Dans le bas, sous la mention "Autres Indices", vous remarquerez, près des chiffres de la Banque Bruxelles Lambert, le ratio "rapport net bond/dividend yield". C'est le ratio de rendement. Mais vous devez le diviser par 0,85 pour obtenir un chiffre interprétable de la manière expliquée ci-dessus (car il s'agit du chiffre net, alors que la moyenne de 2,5 évoquée plus haut s'applique au chiffre brut). En jetant de temps à autre un coup d'œil sur ce chiffre, vous ne vous laisserez pas surprendre par les hauts et les bas de la Bourse et vous serez sûr de pouvoir toujours vendre à temps. A moins que vous ne soyez un véritable investisseur à long terme, que ces fluctuations laissent indifférent, parce qu'il sait que même le crash le plus catastrophique ne peut pas obscurcir définitivement le ciel de la Bourse.

Le **ratio de rendement** révèle la "cherté" de la Bourse. Pour calculer ce ratio, il faut établir une comparaison entre le rendement sur dividende moyen de toutes les actions et le rendement des obligations. En moyenne, le rendement des obligations est 2,5 fois plus élevé que le rendement sur dividende. Si le rendement des obligations est trois fois plus élevé, vous avez intérêt à investir en obligations, car il y a peu de chance que le bénéfice sur cours d'un placement en actions suffise à compenser la différence. Si le rendement des obligations n'est que deux fois plus élevé que le rendement sur dividende, optez plutôt pour des actions. Car, compte tenu du bénéfice sur cours, c'est probablement avec des actions que vous obtiendrez le meilleur résultat.

Conseil n°24

Les fonds à cliquets: un placement en actions sans risque de Bourse

Si vous êtes persuadé qu'un placement en actions sans risque de Bourse est inconcevable, vous avez tort. Ou du moins vous n'avez plus raison, car, grâce à l'inventivité des banques, ce qui était vrai il y a quelques années ne l'est plus aujourd'hui. Avec un ***fonds à cliquets*** (ou ***fonds d'actions à remboursement garanti***, ou encore ***fonds d'indice à échéance fixe***), vous investissez en Bourse, mais avec une garantie du capital au cas où les cours s'effondreraient.

Les **fonds à cliquets** sont également appelés **fonds d'actions à remboursement garanti** ou **fonds d'indice à échéance fixe**. Par l'intermédiaire de ces fonds de placement, qui ont toujours une échéance fixe, vous pouvez investir en Bourse tout en bénéficiant de la garantie du capital. Si, à l'échéance, la Bourse a grimpé par rapport à la date du lancement, vous touchez la valeur de cette hausse en plus de votre mise de départ. Si les cours ont baissé, par contre, vous récupérez le capital investi, sans intérêts mais intact.

L'**indice boursier** le plus connu en Belgique est l'indice BEL-20, qui exprime l'évolution moyenne des cours des principales actions. Quand les cours sont en hausse, l'indice augmente aussi.

Avec les fonds à cliquets, vous faites donc d'une pierre deux coups: vous profitez de la hausse des cours, mais sans courir le moindre risque. Pour apprécier l'évolution de la Bourse, les banques se réfèrent à un ***indice boursier*** (par exemple, pour la Bourse de Bruxelles, le célèbre indice BEL-20), qui exprime l'évolution moyenne des cours des principales actions. Si les cours des actions augmentent, l'indice augmente aussi, et cette augmentation vous est versée à l'échéance, en plus de votre capital de départ. Si l'indice boursier diminue, par ailleurs, vous récupérez au moins le capital investi.

Gain bloqué

Pour rendre ces fonds particulièrement attrayants, les banques ont imaginé une série de gadgets complémentaires. Certains fonds garantissent par exemple que le gain enregistré par l'indice sera “bloqué”, par l'activation d'un système de cliquets (d'où le nom de ces fonds), à des moments déterminés. Si, au bout d'un an, la Bourse a connu une hausse de 10 pourcents, par exemple, ce gain de 10 pourcents est bloqué: même si l'index boursier baisse à nouveau, ces 10 pourcents vous sont définitivement acquis, et vous avez l'assurance de les recevoir à l'échéance. Dans la plupart des cas, toutefois, le maximum autorisé est de 15 pourcents par an. Si la hausse de la Bourse est supérieure à ce pourcentage, le surplus vous échappe. Au lieu d'activer le système de cliquets à des moments déterminés, certains fonds attendent que la hausse ait atteint un pourcentage déterminé, par exemple 25 ou 30 pourcents. Selon le rythme de progression de la Bourse, le cliquet peut être activé rapidement, ou bien il peut s'écouler pas mal de temps avant que ce bénéfice soit atteint. Mais, dans un cas comme dans l'autre, le principe est le même: ce qui est bloqué est définitivement acquis.
Certains fonds de ce type n'ont pas de système de cliquets, mais ils vous assurent, en échange, un rendement supérieur à l'augmentation réelle de l'indice boursier. Supposons que ce gain supplémentaire soit de 28 pourcents. Cela signifie que, pour une hausse de 50 pourcents, le fonds vous versera, en plus de ces 50 pourcents, 14 pourcents de supplément (car 28 pourcents de 50 égalent 14 pourcents). A l'échéance, votre gain sera donc de 64 pourcents, alors que l'augmentation réelle n'est que de 50 pourcents.

Pas de dividendes

A première vue, cette formule paraît très généreuse. Mais, à l'examen, ces suppléments s'avèrent indispensables pour aligner tant bien que mal le rendement de ces fonds sur le rendement véritable des actions. Dans la pratique, en effet, les fonds de ce genre, lorsqu'ils n'offrent pas de supplément, ne génèrent qu'une fraction du rendement des actions. Rien d'étonnant à cela, puisqu'ils ne tiennent pas compte des ***dividendes*** distribués. Autrement dit, ils ne vous font profiter que de la hausse du cours des actions. Mais, si vous investissez en véritables actions, vous recevez également les dividendes (voir aussi Conseil n° 20). Et, si ces dividendes sont systématiquement réinvestis en Bourse, comme c'est le cas dans les sicav actions ordinaires, votre return total est nettement plus élevé.

Car, comme le prouvent les chiffres suivants, les dividendes font toute la différence. Entre le 1er janvier 1991 et le 15 mars 1996, l'indice BEL-20 a augmenté de 70 pourcents. Mais, si vous aviez acheté des parts d'une sicav actions ordinaire (voir aussi Conseil n° 23), vous auriez eu droit aux dividendes et, pour la même période, votre gain aurait atteint 97,4 pourcents. Les dividendes ont donc produit un supplément de 39 pourcents par rapport à la hausse des cours. Par contre, avec le fonds de notre exemple, qui n'offre que 28 pourcents de supplément par rapport à la hausse des cours (fonds qui existe d'ailleurs effectivement à la Générale de Banque), vos performances auraient été moins bonnes que les performances réelles de la Bourse durant cette période.

Malgré l'attrait de la garantie du capital, ces fonds sont donc sujets à caution, car ils vous obligent à renoncer au rendement sur dividende, ce qui ne peut que réduire votre gain total. Si vous pouvez vous passer de votre argent pendant un temps suffisamment long, mieux vaut donc l'investir dans une simple sicav actions, sans garantie du capital. Pour peu que vous disposiez d'un délai de cinq à dix ans, en effet, un placement boursier normal est pratiquement sans risque. Saviez-vous que, durant les quarante dernières années, les pertes de Bourse les plus lourdes ont toujours été compensées dans les huit ans? Si vous voulez placer votre argent à long terme, vous n'avez donc aucune raison de sacrifier votre rendement sur dividende à un supplément de sécurité. A court terme (3 à 5 ans), par contre, il peut être utile de jouer à coup sûr, tant les fluctuations de la Bourse peuvent être imprévisibles. Un fonds à cliquets vous permet de vous en protéger. Et, si ce fonds vous assure un rendement supérieur à l'augmentation réelle des cours, vous n'aurez qu'à vous féliciter de votre choix.

Comme actionnaire, vous êtes copropriétaire d'une entreprise et vous avez droit à une part de son bénéfice. Ce bénéfice distribué est appelé **dividende**. Si vous investissez dans un fonds à cliquets, vous n'avez pas droit à ces dividendes, votre rendement se limitant à la hausse des cours.

Précisons enfin que les UPS, qui ont été lancés par la Kredietbank, sont très comparables à ces fonds à cliquets. A cette différence près que les UPS sont cotés en Bourse. Si vous voulez les vendre avant l'échéance, vous pourrez donc le faire au cours de la bourse, majoré des frais de transaction. Revendre un fonds à cliquets, avant l'échéance, à la banque où vous l'avez acheté est également possible. Mais, en pareil cas, les frais sont généralement beaucoup plus élevés.
Attention: la garantie du capital ne joue qu'à l'échéance. Si vous vendez des UPS ou des fonds à cliquets avant l'échéance, cette transaction sera effectuée au cours de la bourse (UPS) ou à la valeur d'inventaire (fonds à cliquets). Valeur qui peut, en fonction de l'évolution de la Bourse, être nettement inférieure à ce que vous avez payé à l'origine.

Conseil n°25

Fonds de placement à croissance rapide

Made in Taiwan

Il ne se passe pas de semaine que l'une ou l'autre entreprise ne transfère sa production dans un pays à bas salaires, supprimant du même coup des centaines d'emplois. Partout, cette évolution saute aux yeux. Dans les magasins de jouets, de vêtements ou d'électronique, les étiquettes "made in Taiwan" ou "made in Corée du Sud" sont devenues monnaie courante. A en juger par l'omniprésence de leurs produits, l'économie de ces pays doit tourner à plein rendement. Les statistiques internationales le confirment: dans ces pays, une ***croissance économique*** de 8 à 10 pourcents par an n'a rien d'inhabituel, alors que nous-mêmes avons du mal à atteindre 1 à 2 pourcents! Inutile de dire que, pour les entreprises locales, cette forte croissance est une véritable aubaine. En Europe de l'Est, en Asie du Sud-Est et en Amérique Latine, elles ont enregistré une augmentation de bénéfice moyenne de 20 pourcents en 1996. Un pourcentage dont beaucoup d'entrepreneurs européens rêvent en vain.

La **croissance économique** d'un pays indique à quelle vitesse la production de biens et de services augmente sur un an. Dans nos pays occidentaux, cette production s'accroît à peine de 1 à 2 pourcents par an. Dans les pays dits émergents, par contre, elle s'élève en moyenne de 8 à 10 pourcents par an.

En tant qu'investisseur, vous savez donc ce qu'il vous reste à faire. Si vous êtes en quête d'un placement à croissance rapide, les actions des entreprises des pays dits "émergents" sont à prendre en considération. Mais comment en acheter? Rassurez-vous: il n'est pas nécessaire de faire le déplacement. Nos banques et sociétés de Bourse belges ne manquent pas de spécialistes, qui suivent de près l'évolution des entreprises de ces économies à croissance rapide et qui sont donc en mesure de sélectionner pour vous les placements les plus prometteurs. Par l'intermédiaire d'une ***sicav spécialisée dans les pays émergents*** (ou ***emerging marketfonds***), vous pourrez profiter des connaissances de ces spécialistes. Si vous entrez dans un de ces fonds, votre argent sera investi dans ces pays, en même temps que les capitaux de milliers d'autres investisseurs, par un gestionnaire professionnel, pour qui les économies en pleine croissance n'ont pas de secret.

Hauts risques

Mieux vaut cependant ne pas vous laisser convaincre trop rapidement d'investir toutes vos précieuses économies dans un de ces fonds, si séduisantes que soient les perspectives offertes. Souvent, en effet, les Bourses des pays émergents ont des cours très fluctuants. Les chiffres parlent d'eux-mêmes. En 1993, la Bourse de Hong Kong a connu une progression de 140 pourcents. Si vous aviez investi, cette année-là, dans un fonds spécialisé dans les pays émergents, vous auriez réalisé de superbénéfices. Mais, en 1994, le mouvement s'est inversé et les cours ont dégringolé de plus de 35 pourcents. Il y a des investisseurs qui s'en mordent encore les doigts! Nouvelles fluctuations en 1995, puis rétablissement en 1996. Les cours avaient de nouveau le vent en poupe. C'était comme si les grands investisseurs redécouvraient les pays émergents et revenaient y investir en masse.

Ces chiffres indiquent clairement que, malgré de superbes perspectives, les investissements dans les pays émergents sont à hauts risques. Le moindre revers, – mort d'un dirigeant, coup d'Etat, problème d'endettement devenu ingérable, – peut entraîner la chute des cours. A long terme, toutefois, la situation finit toujours par se

Par l'intermédiaire d'une **sicav spécialisée dans les pays émergents** (également appelée **emerging marketfonds**), vous pouvez investir dans des actions de pays émergents sans avoir à les choisir vous-même. Votre argent est placé par un gestionnaire professionnel, qui connaît ces pays à fond. La valeur de ces sicav est publiée quotidiennement dans le journal. C'est à cette valeur que vous pouvez, à tout moment, revendre vos parts à la banque (ou à la société de Bourse). En règle générale, vous ne recevez aucune garantie de rendement.

redresser, de sorte que, pour l'investisseur patient, il n'y a pas de meilleurs placements. Comment ne pas être pris de vertige à la pensée des gigantesques bénéfices que les entreprises locales peuvent espérer engranger, durant les prochaines années et décennies, avant que tous les habitants de ces pays disposent de leur propre téléphone, possèdent leur propre installation stéréo, mangent des hamburgers et boivent du coca-cola, etc.?

Depuis quelques années, toutes les grandes banques belges proposent à leur clientèle une ou plusieurs ***sicav spécialisées dans les pays émergents***. Mais la plupart des sociétés de Bourse et des banques moins importantes peuvent également effectuer ces placements pour vous. Parmi les fonds les plus performants de ces dernières années, il faut citer deux sicav belges: la Bacob Invest Emerging Markets et la Top Global Groeilanden de la société de Bourse anversoise Corluy. Ces sicav investissent dans les pays les plus prometteurs des trois principales régions émergentes: l'Asie du Sud-Est, l'Amérique Latine et l'Europe de l'Est. D'autres banques, qui pratiquent une politique d'investissement différente, proposent à leur clientèle des fonds distincts, qui n'investissent que dans un seul pays ou une seule région. Il existe ainsi des fonds spécifiques pour l'Asie du Sud-Est, et d'autres fonds qui limitent leurs investissements à l'Europe de l'Est ou à l'Amérique Latine.

Si ces fonds régionaux emportent vos suffrages, tenez compte du fait qu'en Amérique Latine, les risques sont plus élevés qu'en Asie du Sud-Est, tant la situation politique que la structure économique y étant moins stables qu'en Asie. En outre, la population asiatique est plus économe, de sorte que cette région n'a pas autant besoin de capitaux étrangers pour financer sa croissance. La différence n'est pas négligeable, un besoin excessif de capitaux étrangers pouvant être préjudiciable à l'économie et donc à la Bourse d'un pays. La crise qui a secoué les marchés financiers mexicains à la fin de 1994 l'a prouvé à suffisance. A long terme, toutefois, le potentiel de l'Amérique du Sud est supérieur à celui de l'Asie du Sud-Est, la première de ces régions accusant, aux yeux de l'Occident, un retard économique par rapport à l'autre. Mais il y a gros à parier que le rattrapage nécessaire ne se fera pas sans heurts!

Bien que les bourses sud-américaines soient incontestablement plus fluctuantes que les asiatiques, tout placement dans un pays émergent comporte des risques considérables. Aussi ne serait-il pas raisonnable d'investir tous vos avoirs dans ces pays. Selon les spécialistes, ces placements ne devraient pas excéder 15 à 20 pourcents de votre patrimoine.

Conseil n°26

Epargner pour les (petits-)enfants

Etes-vous de ceux – et ils sont nombreux – qui versent mensuellement une somme sur le livret d'épargne de leurs (petits-)enfants? Félicitations! A ceci près que, pour gâter vos bambins, il existe tout de même des formules d'épargne plus rentables. Selon la loi, en effet, l'intérêt de base d'un livret d'épargne ne peut pas dépasser 4 pourcents, majorés d'une prime de 2 pourcents maximum (voir aussi Conseils n° 9 et 32). Et, en règle générale, le taux d'intérêt réel du livret d'épargne est encore inférieur. Pour un placement à long terme, c'est un rendement d'une médiocrité affligeante!

Assurances bébé

Si vous recherchez un placement plus rentable, pensez aux ***assurances-épargne bébé***. Voilà déjà pas mal de temps que les compagnies d'assurances proposent ce type d'assurance-épargne. Mais, depuis peu, plusieurs grandes banques ont pris le train en marche. Concrètement, cette formule se présente comme suit: tous les mois (ou tous les ans), vous versez une prime, dont vous avez pu fixer vous-même le montant au départ (avec, en règle générale, un minimum de 20.000 francs par an). Après déduction de différents frais, ces primes portent un intérêt de 4,75 pourcents par an, auquel s'ajoute éventuellement une participation variable aux bénéfices. A l'échéance, l'enfant que vous avez désigné comme bénéficiaire reçoit le capital minimum garanti par contrat, plus le bonus correspondant à la participation aux bénéfices. Mais il ne peut en aucun cas avoir accès à cet argent avant la date prévue. Quant à vous, vous pouvez, si vous le souhaitez, changer de bénéficiaire en cours de contrat.

Un des avantages de ces assurances-épargne est qu'elles sont couplées à une couverture décès: si vous mourez avant l'échéance du contrat, la compagnie continue à payer les primes, de manière à ce que votre (petit-)enfant reçoive quand même, au jour dit, le capital garanti (sauf dans le G-plan Envol de la Générale de Banque, qui ne prévoit pas cette couverture). Le manque de transparence du rende-

Les **assurances-épargne bébé** sont une forme d'assurance-vie, par laquelle vous vous engagez à verser chaque mois (ou chaque année) une prime pour un enfant. A l'échéance de l'assurance (généralement lors du 24e anniversaire de l'enfant), celui-ci recevra le capital final garanti (plus éventuellement un bonus de participation aux bénéfices). Ce capital est obtenu en affectant toutes les primes (après déduction d'une série de frais) d'un taux d'intérêt de 4,75 pourcents par an.

ment, par contre, est un inconvénient non négligeable. Car, en dépit du rendement minimum garanti de ces assurances, leur rendement réel est, en règle générale, nettement inférieur. De chaque versement, il faut en effet déduire une série de frais, ainsi que la prime de la couverture décès. Plus l'épargnant est âgé, plus cette prime est élevée, ce qui réduit d'autant le rendement. Le G-plan Envol de la Générale de Banque offre, compte tenu des frais, un rendement garanti effectif de 4 pourcents. A la BBL et à la CGER, il n'est que de 3,8 pourcents. Et, dans la plupart des compagnies d'assurances, le pourcentage est encore inférieur. Comparer les capitaux finaux n'est donc pas un luxe inutile! Un courtier d'assurances compétent pourra vous y aider (voir aussi Conseil n° 7).

Une assurance bébé particulièrement intéressante est celle de la Kredietbank (Alma Succes). Cette assurance offre (en lieu et place des 4,75 pourcents de rendement traditionnels) un taux d'intérêt de base majoré, fixé chaque fois pour une période de huit ans. De plus, ce rendement est complété par un bonus (participation bénéficiaire), selon l'usage du secteur des assurances. Le capital est libéré au 18e ou au 21e anniversaire de l'enfant, mais il peut aussi être versé anticipativement, par exemple si l'enfant se marie, s'installe comme indépendant ou achète une maison. Fiscalement (c'est-à-dire en matière de droits de succession), cette assurance est également très attrayante, car elle est proposée par l'intermédiaire de la filiale d'assurances luxembourgeoise de la Kredietbank.

Des livrets d'épargne avec supplément

A long terme, cependant, aucune formule d'assurance n'apporte le même rendement qu'un placement en actions (voir aussi Conseil n° 20). Placer votre épargne-enfant en actions reste donc le meilleur choix (du moins si vous êtes sûr de ne pas devoir emprunter vous-même l'argent l'année suivante, car, avec les actions, les cours risquent toujours de chuter dans l'intervalle). A cette fin, le Crédit Communal et la BBL ont mis au point une formule d'épargne originale. Au Crédit Communal, elle a été baptisée "Astera Junior". A la BBL, elle ne porte pas de nom spécifique. Concrètement, cette formule d'épargne se présente comme suit: vous épargnez sur le livret d'épargne de votre enfant au rythme qui vous convient, mais, dès que le total dépasse 10.000 francs, l'argent est automatiquement investi en un placement plus rentable. Si vous donnez l'ordre d'investir chaque tranche de 10.000 francs dans une sicav actions (voir aussi Conseil n° 23), l'argent est automatiquement placé en actions. Vous pouvez aussi décider de convertir l'argent en bons de caisse: à long terme, le rendement est moins élevé, mais vous avez la certitude que les économies de votre petit chéri ne perdront jamais de leur valeur. Certitude qui vous est évidemment refusée avec les actions.

Qu'il soit plus lucratif d'épargner suivant la formule du Crédit Communal ou de la BBL qu'en laissant tout simplement l'argent sur un livret d'épargne, c'est l'évidence même. Mais le Crédit Communal a tenu à illustrer cet avantage par des exemples chiffrés. Si, dès la naissance de votre enfant, vous versez chaque mois 1.000 francs sur son livret d'épargne, vous aurez épargné, à son dix-huitième anniversaire, une somme totale de 285.000 francs (compte tenu des taux actuels des livrets d'épargne). Si chaque tranche de 10.000 francs est automatiquement convertie en bons de caisse, votre enfant disposera, après son dix-huitième anniversaire, d'une somme de 418.000 francs. En partant du principe que le taux d'intérêt moyen des bons de caisse est de 7,8 pourcents. Or, au cours des vingt dernières années, ce taux d'intérêt a été, en moyenne, un peu plus élevé. Mais il vous est évidemment impossible de prévoir ce qu'il deviendra au cours des vingt prochaines années. Ce que vous savez, par contre, c'est que, dans le passé, le return moyen de la Bourse a toujours été légèrement supérieur à 7,8 pourcents, quelle que soit la période de vingt ans considérée. Investir systématiquement votre épargne-enfant en actions est donc sans conteste le meilleur choix!

Conseil n°27

Spéculer sur le dollar

Ces dernières années, le dollar multiplie les extravagances. Parfois, il coûte plus de 35 francs et, à d'autres moments, son cours retombe au-dessous de 30 francs. Inutile de dire que, dans ce dernier cas, beaucoup d'investisseurs sont pris d'une envie irrésistible de spéculer sur le dollar. Spéculation qui peut être payante: si le dollar remonte par exemple de 30 à 35 francs, vous empochez un bénéfice de plus de 16 pourcents! Mais il va de soi que la remontée du cours n'est jamais garantie: la dégringolade du dollar peut fort bien se poursuivre. Or, si le cours tombe de 30 à 27 francs, vous aurez perdu 10 pourcents. La limite de 27 francs a été atteinte plusieurs fois au cours des dernières années, et rien ne prouve que, dans l'avenir, cette devise ne continuera pas à chuter. Depuis quelques années, en effet, ses cours les plus bas sont de plus en plus bas et ses cours les plus hauts de moins en moins élevés. Autrement dit, le dollar n'est plus une devise forte. En cause, l'indifférence du gouvernement américain, qui se soucie comme d'une guigne de la valeur de sa monnaie et qui ne fait donc aucun effort pour la défendre (contrairement à nos autorités monétaires, qui défendent bec et ongles la valeur du franc belge).

Si vous voulez spéculer sur une hausse du dollar, – hausse qui se produit quand même de temps à autre, sous l'action de différents facteurs, – tenez compte du fait que même un dollar très bon marché peut encore devenir meilleur marché. N'achetez donc pas avant que le dollar ne soit tombé à 27 ou 28 dollars au plus. Et ne commettez surtout pas l'erreur d'acheter après des mois de hausse, alors que la cote du dollar dépasse déjà 30 francs: dans de telles circonstances, le potentiel du cours est beaucoup trop réduit. Votre achat est fait? Dans ce cas, assurez votre bénéfice en temps utile. Revendre au bon moment n'a jamais appauvri personne. Attendre trop longtemps, si.

Comptes à terme en dollars

Pour spéculer sur une hausse du dollar, vous avez le choix entre différentes formules de placement. A commencer par un ***compte à terme*** classique ***en dollars***. Vous pouvez en ouvrir un dans pratiquement n'importe quelle banque, mais le capital minimum est généralement assez important. La plupart des banques (par exemple la BBL) demandent une contre-valeur minimale de 500.000 francs, d'autres (comme la CGER) de 250.000 francs "seulement".

Lorsque vous ouvrez un compte à terme, vous avez le choix entre différentes durées, qui vont généralement de quatorze jours à un an. Mais, une fois votre choix fait, l'argent reste

Si vous ouvrez un **compte à terme en dollars**, vos dollars seront irrévocablement bloqués jusqu'à l'échéance (que vous pouvez choisir vous-même). Pendant toute cette période, vous bénéficiez d'un rendement garanti, connu d'avance. Les comptes à terme sont exempts de frais..

irrévocablement bloqué jusqu'à l'échéance. Impossible de toucher votre bénéfice avant la date prévue. Si vous optez pour un terme trop long, vous risquez de rater une hausse du dollar, parce que la devise se sera de nouveau repliée à l'échéance. Mais si, pour cette raison, vos préférences vont à un terme plus court, les intérêts seront réduits d'autant. Plus le terme est court, en effet, plus le taux d'intérêt est faible.

Sicav

Si vous voulez investir vos dollars de manière à ce qu'ils soient exigibles à tout moment, vous pouvez acheter des parts d'une ***sicav monétaire en dollars*** (ou ***dollar-cashfonds***) – sicav spécifique idéalement conçue pour la spéculation sur le dollar. Sur les sicav de ce type, l'intérêt est à peu près équivalent à celui d'un compte à terme en dollars. Vous les trouverez dans toutes les banques importantes, ainsi que dans certaines sociétés de Bourse. Leur principal inconvénient tient aux frais qui s'y rattachent: vous devez payer des frais d'entrée (généralement de l'ordre de 0,10 à 0,50 pourcent) à la banque ou à la société de Bourse et une taxe boursière (de 0,14 à 0,50 pourcent) au fisc. Pour réduire ces frais au strict minimum, reportez-vous au Conseil n° 12.

> *Un* **compte d'épargne en dollars** *vous permet de combiner les avantages d'un compte à terme en dollars et d'une sicav monétaire en dollars. Mais ce compte ne peut être ouvert qu'auprès d'une seule banque: la Banque Commerciale (pour adresses, voir Pages d'Or), où il a reçu le nom de "compte Libor-USD" . Les intérêts y sont ordinairement un peu plus élevés que sur un compte à terme classique en dollars. En outre, votre argent est exigible à tout moment. Signalons qu'à l'ouverture d'un compte Libor-USD, la banque exige un capital de départ de 10.000 dollars au moins (environ 300.000 francs). Par la suite, il vous est permis de redescendre au-dessous de cette limite.*

Peut-être votre banquier vous proposera-t-il d'autres placements en dollars, par exemple des obligations en dollars, un compte à vue en dollars, ou bien des actions américaines. Mais ces placements conviennent moins bien à la spéculation sur le dollar. Un compte à vue a le défaut de ne pas apporter d'intérêt (l'avantage étant qu'il est possible d'en ouvrir un avec une somme très modeste). Quant aux actions et aux obligations en dollars, elles présentent un

Un **compte d'épargne en dollars** est un compte d'épargne sur lequel vous pouvez verser des dollars. L'avantage est que vos dollars y produisent un rendement intéressant et qu'ils sont immédiatement exigibles. En outre, les comptes d'épargne sont exempts de frais. La seule banque à proposer un compte d'épargne en dollars est la Banque Commerciale.

Une **sicav monétaire en dollars** (ou **dollar-cash fonds**) convient idéalement à la spéculation sur le dollar. Vous versez votre argent, en même temps que celui de milliers d'autres investisseurs, dans un seul grand fonds, dont la gestion est assurée par le gestionnaire du fonds. Celui-ci investit ces capitaux, de manière aussi rentable que possible, dans des comptes à terme en dollars et autres placements du même ordre. Outre qu'ils produisent ainsi un rendement intéressant, vos dollars sont exigibles à tout moment. L'inconvénient de cette forme de placement est qu'elle n'est pas exempte de frais.

inconvénient majeur: leurs cours chutent quand l'intérêt augmente. Et en quoi une hausse de 10 pourcents du cours du dollar peut-elle bien vous intéresser si, dans le même temps, le cours de vos actions ou de vos obligations a chuté de 10 pourcents? Bien entendu, les mouvements des cours peuvent aussi renforcer vos titres en dollars. Si les cours des actions ou des obligations augmentent en même temps que celui du dollar, votre chance double. Mais, si la déveine vous poursuit, vous devrez affronter deux risques au lieu d'un. Alors qu'un risque, c'est déjà plus qu'assez!

Conseil n°28
Placements en or

L'or est un des plus anciens placements du monde. Mais, côté rendement, le métal jaune ne s'est pas distingué jusqu'ici. D'après les calculs de la Générale de Banque, le prix de l'or a augmenté en moyenne de 4,6 pourcents par an entre 1954 et 1992. Une plus-value qui a tout juste suffi à compenser l'augmentation du coût de la vie pendant la même période. C'est d'ailleurs la principale caractéristique de l'or: la valeur du métal jaune et ***l'inflation*** sont indissolublement liées l'une à l'autre. Dès que les prix commencent à augmenter dans les magasins, le prix de l'or est en hausse. Mais, si l'inflation ne progresse pas, le cours de l'or n'a rien d'attirant. Il en va ainsi depuis des siècles, et il en ira probablement toujours de même.

Le **taux d'inflation** exprime la hausse des prix dans notre pays. Ces dernières années, il tourne autour de 2 pourcents. L'inflation est donc très modérée. Dans les années septante, par contre, l'inflation a progressé de plus de 10 pourcents par an. Et, du même coup, le prix de l'or a battu tous les records.

En dépit de cette vérité fondamentale et séculaire, cependant, quelque chose a changé ces dernières années sur le marché de l'or: les spéculateurs sont devenus beaucoup plus puissants. S'ils sont une poignée à en avoir envie, ils peuvent faire grimper le prix de l'or en un rien de temps. Mais ces hausses ne sont pas conçues pour durer. Souvenez-vous de ce qui s'est passé en 1993, quand, en l'espace de quelques semaines, un spéculateur de légende, Georges Soros, a fait passer le prix de l'or de 325 à 405 dollars l'once. Soit une augmentation de plus de 25 pourcents. Quelques semaines plus tard, il tournait de nouveau autour de 340 dollars. Même chose pour l'augmentation du prix de l'or de début 1996: là encore, il est redescendu aussi vite qu'il avait grimpé. Ces dernières années, nous avons connu plusieurs de ces hausses éphémères. Et il ne fait aucun doute qu'il en viendra d'autres. Aussi longtemps que l'inflation restera aussi faible qu'aujourd'hui, il n'y a rien à espérer.

L'or ou les briques

De ce qui précède, vous pourriez conclure que l'or est une protection idéale contre l'inflation. Et vous auriez partiellement raison. Conserver son patrimoine en or, c'est avoir la quasi-certitude que le pouvoir d'achat de son argent ne diminuera pas. Si vous investissez en bons de caisse ou en obligations, par contre, l'inflation grignote la valeur de votre argent. En principe, cette moins-value doit être compensée par les intérêts distribués. Mais, durant les poussées inflationnistes, ces intérêts ne suffisent pas toujours à rétablir l'équilibre. Ceux qui avaient de l'argent en banque dans le courant des années septante en ont fait l'expérience.

Pourtant, l'or n'est pas la meilleure protection contre l'érosion monétaire. Dans cette optique, investir dans une maison est autrement plus attrayant. Car, outre que la mise en location constitue, tout comme l'or, une excellente protection en période d'inflation, le rendement en est exceptionnel. A preuve, le rendement annuel moyen des habitations pendant les 40 dernières années a été deux fois supérieur à celui de l'or. C'est dire que les Belges n'ont pas tort d'avoir, comme le veut le dicton, "une brique dans le ventre". Même si acheter une maison dans l'intention de la donner à bail est une source inépuisable de soucis!

Faut-il en conclure qu'il n'y a rien à gagner avec l'or? Certainement pas! Si Georges Soros peut tirer de l'argent d'une hausse de l'or, pourquoi pas vous? Tout ce que vous avez à faire, c'est d'acheter au moment précis où le cours commence à grimper. Mais, pour savoir quand une hausse va s'amorcer, vous devez évidemment surveiller le marché. Un signe qui ne trompe pas est la montée du prix de l'or audessus de son niveau "normal". Si le prix de l'or oscille depuis pas mal de temps entre 360 et 380 dollars l'once, par exemple, vous pourrez commencer à acheter dès qu'il dépassera 380 dollars. Vous avez vu juste? Vendez dès que vous aurez réalisé un bénéfice de 10 à 15 pourcents! S'accrocher trop longtemps au métal noble est dangereux, le cours pouvant revenir à son point de départ avant que vous n'ayez repris vos esprits.

Lingots, plaquettes et pièces

Une première manière d'investir en or est d'acheter un lingot d'or. Mais attention: un lingot d'un kilo coûte déjà dans les 400.000 francs. Si vos moyens financiers sont moins importants, vous pouvez vous rabattre sur les plaquettes: vous en avez déjà de quelques grammes. Tenez cependant compte du fait qu'au prix de l'or, vous devez ajouter 1 pourcent de TVA. Par ailleurs, vous pouvez également vous procurer des pièces de monnaie en or. Quelques pièces appréciées des amateurs d'investissement sont le Krugerrand sud-africain, le Maple Leaf canadien, l'Eagle américain et le Golden Nugget australien. Ces pièces exigent un investissement de plus ou moins 10.000 francs, en fonction du prix de l'or. Là encore, vous devez compter 1 pourcent de TVA.

Pour esquiver la TVA sur vos placements en or, vous pouvez ouvrir, auprès de la Kredietbank, un "compte-or", sur lequel vous déposez, par exemple, 250 grammes ou un demi-kilo d'or. A vous de décider du poids. Comme vous renoncez ainsi à la livraison physique de l'or, il ne vous est pas réclamé de TVA sur le prix d'achat. Sur ce compte-or, cependant, vous devez payer des frais de gestion, qui s'élèvent à 0,15 pourcent par an. Si vous laissez votre or sur votre compte-or pendant 6,5 ans, vous aurez englouti en frais de gestion l'argent gagné sur la TVA. Toutefois, pour peu que vous teniez seulement à profiter d'une hausse de courte durée, les frais de gestion seront réduits à leur plus simple expression. Aussi un compte-or est-il la formule idéale pour spéculer, à l'abri de la TVA, sur une augmentation temporaire du prix de l'or.

Si vous préférez acheter de véritables lingots, plaquettes ou pièces, mieux vaut passer par une société de Bourse spécialisée (voir les Pages d'Or). La plupart des banques peuvent également vous rendre ce service, mais leurs prix sont généralement moins intéressants. Par comparaison avec une société de Bourse spécialisée, vous payez plus à l'achat et vous recevez moins en échange de votre or lorsque vous le revendez. Où que vous achetiez, cependant, vous devez toujours tenir compte d'une marge de quelques pourcents entre le prix d'achat et le prix de vente. Les bijoux en or sont également un placement envisageable, à condition que vous acceptiez de payer, en plus du prix de l'or, le travail et la marge bénéficiaire du bijoutier. Ces frais ne s'annulent que si vous conservez vos bijoux en or pendant une très longue période. Assez longtemps, du moins, pour prendre plaisir à les posséder.

Des bénéfices spectaculaires

Si vous aspirez à réaliser des bénéfices vraiment spectaculaires, sans que le prix de l'or doive pour autant monter en flèche, les ***actions des mines d'or*** constituent un excellent filon. En cas de hausse de l'or, en effet, les cours de ces actions enregistrent une augmentation beaucoup plus forte que le prix de l'or lui-même: quand le prix de l'or grimpe de 5 pourcents, les mines d'or sud-africaines peuvent augmenter de 50 pourcents! Malheureusement, cet effet de levier s'exerce dans les deux sens. Autrement dit, lorsque le prix de l'or chute, les cours des mines d'or dégringolent. Pour spéculer sur une augmentation du prix de l'or, les actions de mines d'or les plus intéressantes sont Freegold, Harmony, Vaal Reefs et Western Deep Level. Ces mines d'or sud-africaines sont cotées à la Bourse de Bruxelles et les cours de leurs actions se retrouvent quotidiennement dans les journaux belges. Vous pouvez passer vos ordres d'achat par l'intermédiaire de n'importe quelle banque ou société de Bourse (voir aussi Conseil n° 22). Mais faites preuve de prudence: si rentables que puissent être ces placements, les risques liés aux actions des mines d'or sont considérables. Surveillez donc attentivement les cours, revendez en temps utile et ne vous laissez surtout pas aller à investir trop d'argent de cette manière!

Les **actions des mines d'or** sont les actions des entreprises extractrices d'or. Ces mines sont surtout concentrées en Afrique du Sud et au Canada. Les actions de plusieurs d'entre elles sont cotées à la Bourse de Bruxelles. Les plus connues sont Vaal Reefs, Western Deep Level, etc.

Conseil n°29

Mon placement est-il rentable?

Un placement de 100.000 francs vaut 150.000 francs dans les cinq ans. Jolie perspective. Mais à quel rendement correspond-elle? Avec une mini-calculatrice, vous pouvez en avoir le cœur net en un rien de temps. Et vous ne perdrez pas votre peine, certains banquiers ayant un talent naturel pour enjoliver la situation.

Exemple chiffré

Pour calculer le rendement de ce placement, procédons étape par étape. Nous devons d'abord calculer deux nombres distincts (appelons-les A et B). C'est grâce à eux que nous pourrons ensuite trouver le résultat.

1ère étape. Pour calculer le nombre A, divisez le montant final par le montant initial.
A: 150.000 francs/100.000 francs = 1,50.
2e étape. Calculez le nombre B en divisant 1 par la durée totale du placement, exprimée en années.
B: 1/5 = 0,20.
3e étape. Elevez le nombre A à la puissance B et soustrayez 1 du résultat obtenu.
$A^B - 1 = 1{,}50^{0{,}2} - 1 = 1{,}0845 - 1 = 0{,}0845$.

4e étape. Multipliez ce nombre par 100 et vous obtiendrez le résultat recherché.
0,0845 correspond à 8,45 pourcents.

Vous vous étonnez d'obtenir un rendement inférieur à 10 pourcents? Logique! Le premier mouvement d'un investisseur est souvent de diviser l'intérêt total (50.000 francs) par la durée totale exprimée en années (5 ans) et de prendre ce montant (10.000 francs) comme point de départ pour le calcul du rendement. Ce qui peut lui donner la fausse impression que son placement rapporte dix pourcents d'intérêt. Or, rien n'est moins vrai. Si vous aviez vraiment obtenu 10 pourcents, vous auriez touché beaucoup plus de 150.000 francs à l'échéance. L'intérêt de 10 pourcents que votre argent rapporte pendant la première année (10.000 francs) ne vous est en effet pas versé immédiatement: il reste à la banque jusqu'à l'échéance. La banque le place avec le reste de votre investissement, de manière à ce qu'il rapporte un intérêt pendant les quatre années suivantes. Il en va de même pour les 10.000 francs d'intérêt de la deuxième année, qui rapportent un intérêt pendant trois ans, pour les 10.000 francs de la troisième année, qui en rapportent un pendant deux ans, etc. Si tous ces intérêts étaient placés à 10 pourcents, à l'instar de votre capital initial de 100.000 francs, le montant final à l'échéance s'élèverait à 161.051 francs.

Ce chiffre aussi, vous pouvez le calculer aisément vous-même. Procédons étape par étape.

1ère étape. A l'intérêt (10 pourcents ou 0,10), ajoutez le chiffre 1.
0,10 + 1 = 1,10.
2e étape. Prenez la durée totale de votre placement, exprimée en années, et élevez le résultat de la 1ère étape à cette puissance.
$1{,}10^5 = 1{,}61051$.
3e étape. Multipliez ce résultat par le montant investi au départ.
1,61051 x 100.000 francs = 161.051 francs.

Vous pouvez utiliser la même méthode si la durée de votre placement ne s'exprime pas en années entières, mais est par exemple de cinq ans et trois mois. Trois mois correspondant à un quart d'année (0,25), vous obtenez une durée de 5,25 ans.

Bons de capitalisation et sicav

Pour le calcul du rendement exact des bons de croissance, bons de capitalisation ou bons d'assurance, ces méthodes de calcul (voir aussi Conseils n° 12, 14 et 15) sont très pratiques. Elles vous permettent par exemple de calculer sans difficulté votre rendement réel, compte tenu des frais que vous payez. Si, à l'achat d'un bon d'assurance de 100.000 francs, par exemple, vous êtes amené à payer un supplément de 4.000 francs pour les frais, vous devez, pour déterminer votre rendement réel, vous baser sur un capital initial de 104.000 francs. Or, le rendement indiqué par la compagnie d'assurances est peut-être calculé à partir d'un capital investi de 100.000 francs seulement.

Vous voulez connaître le rendement de votre investissement dans une ***sicav de capitalisation*** ? Là encore, cette méthode de calcul peut vous être utile. Supposons par exemple que vous avez acheté, il y a trois ans et demi, une sicav actions pour un montant de 10.120 francs, frais et taxes compris. Hier, vous avez revendu le fonds. Après déduction des taxes et frais, vous vous êtes vu remettre 15.268 francs. Grâce à la formule ci-dessus, vous pouvez calculer le rendement annuel que ce placement vous a rapporté (12,47%).

De la même manière, vous pouvez aussi calculer en toute simplicité le rendement des obligations sans coupon annuel (qu'elles soient en devises belges ou étrangères), comme les obligations dites "à coupon zéro" ou zerobonds, qui sont émises à très bas prix et remboursées ***au pair*** à l'échéance, ou encore l'emprunt d'Etat de capitalisation du Ministre Maystadt. Le montant initial est le montant total (frais inclus) que vous avez déboursé à l'achat. Comme montant final, prenez le montant (y compris le bénéfice ou la perte sur le cours de la devise, les intérêts, les frais de

Une **sicav de capitalisation** est une sicav sans coupon annuel. En pareil cas, tous les intérêts vous sont versés comme plus-value quand vous revendez vos parts. L'avantage de cette capitalisation est qu'elle vous permet d'esquiver le précompte mobilier.

Rembourser **au pair** signifie qu'à l'échéance, vous recevez 100 pourcents de la valeur nominale indiquée sur l'emprunt obligataire.

vente et les taxes) qui vous a été versé, en francs belges, lors de la vente de vos titres ou à l'échéance.

En résumé, ces formules peuvent être utilisées pour calculer le rendement de n'importe quel investissement avec ***capitalisation des revenus***. Autrement dit, de tout placement dont le rendement vous est versé en totalité à l'échéance, et non par tranches annuelles.

Par **capitalisation des revenus**, on entend que les revenus ne vous sont pas versés sous la forme d'un intérêt annuel, mais qu'ils sont automatiquement réinvestis par la banque.

Conseil n°30

Votre argent est-il également en sécurité dans toutes les banques?

Certaines banques pratiquent systématiquement un taux d'intérêt légèrement supérieur à celui des ***grandes banques classiques***. Pour vous, la tentation est forte. Mais votre argent est-il aussi en sécurité dans ces "petites banques" que dans les grandes banques qui ont pignon sur rue? Imaginez qu'à force de consentir des taux d'intérêt excessifs, votre banque fasse faillite... Vous vous repentiriez amèrement d'avoir écouté le chant des sirènes!

Les **grandes banques classiques**, également appelées les sept sœurs, sont la Bacob, la BBL, Cera, la CGER, le Crédit Communal, la Générale de banque et la Kredietbank. Une série d'institutions moins importantes offrent souvent à l'investisseur des conditions plus intéressantes. Ce sont notamment Argenta, Le Crédit Lyonnais, la Banque Commerciale, Cortal et la Bankunie.

Dans notre pays, les institutions financières sont contrôlées par la **Commission Bancaire et Financière (CBF)**, qui s'assure également qu'elles ne font pas de publicité mensongère.

Commission Bancaire et Financière

Ce risque est heureusement minime, les banques belges étant surveillées de près par la ***Commission Bancaire et Financière de Belgique***, une instance de contrôle qui veille à la sécurité financière dans notre pays. Quand une banque (d'épargne) pratique des taux déraisonnables afin d'attirer le client, la Commission intervient, pour la sommer de faire preuve d'une plus grande circonspection. Si une institution financière refuse de se plier à cette mise en demeure, elle peut être contrainte de fermer ses portes. Inutile de dire qu'aucune banque ne laisse les choses aller aussi loin. Et qu'en règle générale, aucune considération concurrentielle ne peut amener un banquier à prendre des risques inconsidérés. Mais ce contrôle strict, qui est le même pour tous, n'empêche pas certaines banques d'offrir des taux plus élevés que les autres. Cette différence tient en grande partie à leurs frais de fonctionnement. Les grandes banques belges, qui ont un réseau d'agences étendu et coûteux et emploient un personnel nombreux dans leurs services centraux, ont des frais relativement élevés par rapport aux banques de dimensions plus réduites, qui travaillent souvent avec des agents indépendants, évidemment beaucoup moins chers. Ce qui explique que les taux des grandes banques sont souvent moins avantageux.

En théorie, toutefois, la faillite d'une banque reste de l'ordre des possibilités. Il y a quelques années, par exemple, la banque wallonne Minerve a dû déposer son bilan. De même, au cours des années septante, plusieurs petites banques (dont 95 pourcents des Belges n'avaient jamais entendu parler) ont également fait faillite. Et, dans la plupart des cas, ces faillites ont été frauduleuses. Des affaires qui n'auraient jamais dû voir le jour avaient été dissimulées à la Commission Bancaire et Financière jusqu'à ce que la faillite soit devenue inévitable. Il va de soi que ces risques sont plus réduits dans les grandes banques. Mais "never say never". L'an dernier, la banque britannique Baring, une des plus importantes du monde, n'a-t-elle pas été réduite à la faillite par les pratiques frauduleuses d'un de ses collaborateurs?

Fonds de garantie de dépôt

Prévoir ces problèmes est évidemment impossible. Mais rien ne vous interdit de prendre des mesures pour assurer à votre épargne une protection maximale.

1. Grâce au ***système de garantie de dépôt***, les avoirs d'épargne déposés dans une banque belge sont garantis jusqu'à 15.000 écus (environ 600.000 francs) par personne. En cas de faillite de votre banque, vous récupérerez donc au moins ce montant (même s'il peut s'écouler un certain temps avant qu'il vous soit effectivement versé). En répartissant vos avoirs d'épargne dans différentes banques, de manière à ne jamais dépasser 600.000 francs dans une même institution, vous profiterez pleinement de cette garantie.
2. Cette garantie ne s'applique qu'aux avoirs nominatifs: livrets d'épargne, comptes à terme et bons de caisse achetés à votre nom ou laissés en dépôt à découvert (nominativement) à la banque (voir aussi Conseil n° 5). Si vous conservez vos bons de caisse anonymement dans votre coffre ou sous votre matelas, vous ne bénéficiez donc pas de cette garantie – mais l'anonymat vous est acquis.
3. Cette garantie ne couvre pas les sicav. En principe, toutefois, ce n'est pas un problème, la faillite d'une banque n'entraînant normalement aucune conséquence pour les sicav que cette institution propose. Les sicav sont en effet

Le **système de garantie de dépôt** a été créé il y a quelques années. Toutes les institutions financières versent annuellement un montant déterminé à cette caisse de garantie. Le système ne peut être invoqué que dans le cas où une institution financière connaît des difficultés. Si la caisse de garantie ne suffit pas (en cas de faillite d'une très grande banque, ça n'aurait rien d'impossible), les pouvoirs publics sont dans l'obligation de suppléer.

des sociétés de placement distinctes, qui fonctionnent de façon autonome. Mais un effet par contagion n'est pas entièrement exclu.
4. Les actions et les obligations achetées par l'intermédiaire de la banque mais émises par une institution sans rapport avec ladite banque (par exemple les obligations d'Etat, les euro-obligations, les actions d'entreprises privées, etc.) restent totalement en dehors de la faillite. Si vous laissez ces titres à la garde de votre banque, cependant, ils risquent de s'égarer, lors de la faillite, au milieu d'une masse de paperasses. Il appartiendra alors au curateur de la faillite de les retrouver. Si vous les conservez vous-même (chez vous ou dans un coffre en banque), ce risque est évidemment exclu.

Attention: pour pouvoir faire appel, en cas de difficultés, au système de garantie de dépôt, vous devez avoir été client auprès d'une agence officielle ou d'un agent bancaire mandaté. Si vous avez été trompé par un escroc qui s'est fait passer pour le mandataire d'une banque, vous ne pouvez pas invoquer la garantie. Dans le passé, nombre d'escrocs ont tenté, par ce moyen, de soustraire des capitaux à des clients sans méfiance. Avec un peu de vigilance, cependant, il n'est pas difficile de voir où le bât les blesse. Ils ne disposent pas de toute la gamme des produits bancaires, il n'utilisent pas les bons documents, ils n'ont pas de dépliants, ils ne peuvent pas vous fournir de carte de crédit, etc. Si vous songez à accorder votre clientèle à une nouvelle agence de banque, commencez donc par vous assurer que tout y est en ordre. Vous n'avez pas confiance? Prenez vos informations au siège central de la banque. Et ne vous fiez jamais à quelqu'un qui vous a fait, par téléphone, une proposition de placement "irrésistible".

Conseil n°31

Quel est le taux du précompte mobilier?

De notre législation fiscale, le moins qu'on puisse dire est qu'elle change tout le temps. A chaque conclave budgétaire, toute une série de lois fiscales sont modifiées, révisées ou adaptées. Généralement à la hausse, mais parfois aussi, exceptionnellement, à la baisse. Après tous les bricolages budgétaires de ces dernières années, savez-vous encore combien de ***précompte mobilier*** vous devez payer sur les revenus de vos investissements? Pour plus de clarté, voici un aperçu du précompte mobilier applicable aux types de placements les plus courants.

Des taux différents

En principe, il existe deux taux différents. Pour les ***placements à intérêt fixe***, le précompte mobilier est actuellement de 15 pourcents. Sauf pour le livret d'épargne (voir Conseils n° 9 et 32) et le bon d'assurance (voir Conseil n° 14), qui sont exonérés de précompte mobilier.

Pour les dividendes des actions, le précompte mobilier atteint en principe 25 pourcents. Mais, pour ce qu'on appelle les ***actions PR*** (Précompte Réduit), qui satisfont à un certain nombre de conditions, le précompte mobilier n'est que de 15 pourcents (voir Conseil n° 36).

Quant aux ***sicav***, elles sont soumises à un régime particulier. Et c'est là que l'affaire se corse, ces formes de placement collectif pouvant être taxées de quatre façons différentes. Commençons par les sicav (Société d'Investissement à Capital Variable) belges. Si vous optez pour une sicav de capitalisation, qui ne distribue pas d'intérêts annuels, vous ne payez pas de précompte mobilier. Les revenus de la sicav sont ajoutés à votre capital et vous sont versés comme plus-value, sans intervention du fisc, lorsque vous revendez vos parts de la sicav. C'est la formule idéale. Par contre, si votre choix se porte sur une sicav qui distribue ses intérêts annuellement (ou sicav de distribution), vous payez 15 pourcents de précompte mobilier sur le coupon encaissé.

Pour les sicav luxembourgeoises, le régime est quelque peu différent. Si vos préférences vont à une sicav de capitalisation, donc sans distribution annuelle des intérêts, vous êtes également exonéré de précompte mobilier. Mais si vous

---

Le **précompte mobilier** est l'impôt que vous devez payer sur les revenus de vos investissements.

Les **placements à intérêt fixe** sont tous les placements dotés d'un rendement fixe connu d'avance: livrets d'épargne, comptes à terme, bons de caisse, obligations, etc. Ces placements sont en principe soumis à un précompte mobilier de 15 pourcents.

Les **actions PR** sont des actions à Précompte Réduit.

Les **sicav** sont des formes de placement collectif. L'argent de milliers d'investisseurs est réuni dans un même fonds et le capital ainsi obtenu est géré collectivement par le gestionnaire du fonds.

choisissez une sicav de distribution, le précompte mobilier est de 25 pourcents.

En résumé, le précompte mobilier (PM) sur les différents placements se présente comme suit:

• *Livrets d'épargne, bons d'assurance:*		*exonération*
• *Bons de caisse, obligations, comptes à terme:*		*15 pourcents*
• *Actions:*		*25 pourcents*
• *Actions PR:*		*15 pourcents*
• *Sicav belges*	*de capitalisation:*	*exonération*
	de distribution:	*15 pourcents*
• *Sicav luxembourgeoises*		
	de capitalisation:	*exonération*
	de distribution:	*25 pourcents*

• *pour un aperçu détaillé, reprenant également les taux de la taxe boursière, voir annexe 2.*

A la hausse ou à la baisse?

Vous connaissez désormais les taux actuels du précompte mobilier pour les placements les plus courants. Mais ces taux ne tarderont sans doute pas à être réadaptés. Or, à chaque adaptation, le gouvernement part du principe suivant: une augmentation du précompte mobilier sur les placements à intérêt fixe s'applique aussi bien aux titres existants qu'aux titres nouvellement émis, tandis qu'une diminution du précompte mobilier n'est valable que pour les investissements nouveaux. En cas de diminution du précompte mobilier, les achats antérieurs restent donc soumis à l'ancien tarif, évidemment plus élevé. Autrement dit, si le gouvernement réduit le précompte mobilier, vos obligations et bons de caisse existants restent soumis au tarif en vigueur lors de leur acquisition. Ce qui explique pourquoi certains investisseurs continuent à payer 25 pourcents de précompte mobilier sur leurs vieux bons de caisse.

Conseil n°32

Eviter le précompte mobilier avec un livret d'épargne ordinaire

Quand vous faites des placements, vous devez en principe toujours payer le précompte mobilier sur les revenus de votre argent, qu'il s'agisse d'intérêts ou de dividendes. Mais ce principe souffre pas mal d'exceptions. Dont la première, et peut-être la plus connue, est le livret d'épargne ordinaire (voir aussi Conseil n° 9).

55.000 francs d'intérêts

Les intérêts des livrets d'épargne sont exonérés de précompte mobilier, aussi longtemps qu'ils ne dépassent pas 55.000 francs par ménage. Ce qui correspond, aux taux d'intérêt actuels, à 1,4 millions de francs environ. Si le crédit de votre livret dépasse ce montant, votre banquier retient automatiquement 15 pourcents de précompte mobilier sur les intérêts du surplus.

Si vous voulez éviter cet inconvénient, il vous suffit d'ouvrir un deuxième livret (à un autre nom ou dans une autre banque), de sorte que, par livret, les intérêts n'excèdent jamais 55.000 francs. Dans ce cas, rien n'oblige le banquier à retenir automatiquement le précompte mobilier. Mais, pour votre part, vous êtes bel et bien tenu de déclarer votre surplus. Un espace est d'ailleurs réservé à cet effet dans votre déclaration d'impôts. Et, sur votre avertissement-extrait de rôle, vous constaterez que ces intérêts sont imposés distinctement, à un taux de 15 pourcents majoré des centimes additionnels communaux. En pratique, toutefois, personne ou presque ne déclare ces revenus, aucun contrôle n'étant exercé sur le nombre de livrets détenus par un ménage. Rien d'étonnant à ce qu'il y ait, dans notre pays, plus de livrets d'épargne que d'habitants!

Les intérêts du livret d'épargne comporte trois composantes:
- l'intérêt de base, calculé sur le moindre franc versé sur le livret,
- la prime d'accroissement, qui n'est accordée que pendant les premiers six mois, sur les versements laissés sur le compte pendant au moins six mois,
- la prime de fidélité, que vous n'obtenez que pour les montants immobilisés sur le livret pendant au moins un an.

Conditions

Seuls les livrets d'épargne "réglementés", qui satisfont à certaines conditions, bénéficient de l'exonération de précompte mobilier. Les livrets d'épargne à haut rendement, qui ont fait fureur il y a quelques années, ne sont pas du nombre et sont donc soumis au précompte mobilier. Voici les conditions qu'un livret d'épargne réglementé doit respecter:

1. Les ***intérêts du livret d'épargne*** peuvent comporter trois éléments: le taux d'intérêt de base, actuellement limité à 4 pourcents, une prime d'accroissement et une prime de fidélité (une des deux étant obligatoire). Les primes ne peuvent pas dépasser la moitié de l'intérêt de base. Et, comme la prime de fidélité et la prime d'accroissement ne sont pas cumulables, le total des intérêts ne peut pas excéder 6 pourcents. Ces taux peuvent être modifiés par la loi si un changement intervient, dans notre pays, au niveau des intérêts.
2. Le compte d'épargne doit être exprimé en francs belges.
3. Les transferts directs du livret d'épargne à un compte étranger ne sont pas possibles et le compte ne peut pas être couplé avec des chèques.

- - - *Conseil n°33*

Livrets d'épargne à double avantage fiscal

Remise sur votre avertissement-extrait de rôle

Depuis quelques années, la plupart des compagnies d'assurances proposent aussi des livrets d'épargne. Peut-être même avez-vous déjà remarqué leurs publicités. L'atout maître de ces ***comptes d'assurance*** est qu'ils présentent un double avantage fiscal.

1. Les intérêts de ces comptes bénéficient d'une exonération illimitée de précompte mobilier.
2. Vos avoirs d'épargne vous apportent un avantage fiscal supplémentaire: vous pouvez récupérer 30 à 40 pourcents de la somme versée sur un compte d'assurance, sous la forme d'une réduction d'impôt qui vous est accordée sur votre avertissement-extrait de rôle. Les sommes versées sur un compte d'assurance sont en effet considérées comme des primes d'assurance-vie. Primes grâce auxquelles vous pouvez bénéficier de cet avantage fiscal jusqu'à un maximum de 66.000 francs par an. Cette formule peut se révéler intéressante lorsque vous cessez de bénéficier d'une déduction fiscale importante, par exemple parce que l'emprunt hypothécaire de votre maison a été remboursé ou que vos enfants ne sont plus à charge. Vous pouvez alors éviter une importante augmentation d'impôt en transférant une partie de votre épargne sur un compte d'assurance (voir aussi Conseil n° 34). Malheureusement, vous ne profiterez de cet avantage fiscal que jusqu'à votre soixante-cinquième anniversaire.

A sens unique

Des inconvénients, ces comptes d'assurance en ont aussi. Si vous en ouvrez un, la loi stipule que vous ne pourrez y effectuer que des versements, et cela jusqu'à l'âge de la retraite. Si vous voulez en retirer de l'argent avant l'échéance, vous devrez recourir à un stratagème, qui consiste à obtenir un prêt de la compagnie d'assurances, à titre d'"avance sur police". Mais, sur cet emprunt, vous devrez évidemment payer des intérêts, et ceux-ci seront autrement plus élevés que le rendement de vos avoirs d'épargne. L'intérêt de base de votre épargne s'élève à 4,5 pourcents. Mais, si les taux du marché sont plus élevés, vous pouvez obtenir par surcroît un bonus variable. La décision concernant l'attribution de ce bonus, ainsi que son montant, est prise chaque année. Les taux d'intérêt étant actuellement très bas, la plupart des compagnies d'assurances n'accordent qu'un bo-

Les **comptes d'assurance** sont des livrets d'épargne proposés par une compagnie d'assurances. Outre que vous ne payez pas de précompte mobilier sur les intérêts de ces comptes, les sommes que vous y versez vous donnent droit à une économie d'impôt complémentaire sur votre déclaration fiscale.

nus minime, voire pas de bonus du tout. Les intérêts que vous payez sur les avances, par contre, sont nettement plus élevés. Début 1996, ils atteignaient encore 8,5 pourcents, alors qu'à l'époque, les taux du marché poursuivaient une dégringolade historique.

Quand retirer de l'argent coûte cher

Retirer de l'argent d'un compte d'assurance n'est donc pas impossible, mais il faut y mettre le prix. Calculons-le ensemble.

Le 1er janvier, vous déposez 100.000 francs sur votre compte d'assurance et, le 1er juillet, vous en retirez 20.000 francs. Le solde de 80.000 francs reste immobilisé jusqu'à la fin de l'année. Partons du principe que, cette année-là, les intérêts sont de 4,5 pourcents et que, sur les avances que vous obtenez de la compagnie, vous devez payer 8,5 pourcents d'intérêt. Un exemple très réaliste. Que constatons-nous? Pour l'année, vous percevez 4,5 pourcents d'intérêt sur la somme de 100.000 francs, soit 4.500 francs. Mais, sur l'avance de 20.000 francs que vous avez obtenue le 1er juillet, et qui est en fait un prêt consenti par la compagnie d'assurances, vous payez 8,5 pourcents d'intérêt. Et 8,5 pourcents d'intérêt sur 20.000 francs donnent 1.700 francs par an, soit 850 francs pour six mois. A la fin de l'année, vous ne touchez donc pas 4.500 francs, mais seulement 3.650 francs. Si vous calculez le rendement effectif de votre épargne pour la période où elle est restée immobilisée sur votre livret, vous arriverez à 4 pourcents seulement, au lieu des 4,5 pourcents affichés.

Si l'avance ne vous est nécessaire que pour un temps limité, cet inconvénient est négligeable, puisque les intérêts sur ladite avance ne doivent être payés que très brièvement. Dès que vous aurez remis l'argent en place, les intérêts promis vous seront à nouveau versés en totalité. Mais, si vous utilisez, – pour acheter une voiture ou pour faire des transformations à votre habitation, par exemple, – une somme importante qu'il vous sera impossible de replacer sur votre compte d'assurance avant l'âge de la retraite, ça risque de vous coûter cher. Aussi longtemps que vous ne rembourserez pas l'argent, en effet, vous continuerez à payer des intérêts. Quant à liquider votre compte, il n'en est pas question: là encore, la loi vous interdit de le faire avant d'être à la retraite. Par contre, vous êtes en droit de retirer vos avoirs dans leur entièreté... mais toujours selon le principe exposé plus haut: votre épargne reste en place, et vous obtenez un prêt du même montant. Or, votre épargne vous rapporte environ 3 pourcents d'intérêt en moins que vous ne devez en payer sur l'emprunt. Moralité: vous versez 3 pourcents d'intérêt par an à la compagnie pour qu'elle accepte de vous prêter votre propre argent!

Mieux vaut donc n'ouvrir un compte d'assurance que si vous êtes sûr que l'argent ne vous sera pas nécessaire avant votre retraite – ou seulement de façon très temporaire. Mais, si vous n'avez aucun doute à ce sujet, vous pouvez, grâce à ce type de compte, vous assurer une belle remise sur votre avertissement-extrait de rôle.

Conseil n°34

Les avantages fiscaux des produits d'épargne des assureurs.

Ces dernières années, les assureurs ont mis de plus en plus de produits d'épargne sur le marché. Pensez par exemple au compte d'assurance (voir Conseil n° 33), à l'assurance-pension (voir Conseil n° 39) et au bon d'assurance (voir Conseil n° 14). Le principal avantage de ces ***assurances-épargne*** est que les intérêts sont exonérés de précompte mobilier. C'est ce qui rend ces formules d'épargne si attrayantes.

Ces dernières années, les compagnies d'assurances proposent, en plus de leurs assurances de dommage traditionnelles, de plus en plus d'**assurances-épargne**. Pensez par exemple aux bons d'assurance, comptes d'assurance et assurances-pension. Dans ces assurances, l'aspect assurance a presque totalement disparu, de sorte qu'elles sont plutôt considérées comme des produits d'investissement.

Avantage complémentaire

Par ailleurs, l'assurance-pension et le compte d'assurance présentent un avantage complémentaire. Si vous versez de l'argent sur un de ces comptes, vous pouvez obtenir, pardessus le marché, un avantage fiscal de 30 à 40 pourcents du montant versé, en fonction de votre revenu. Faites figurer sur votre déclaration fiscale le montant que vous avez consacré à ces assurances l'année dernière (en joignant évidemment l'attestation fiscale de la compagnie d'assurances), et votre réduction d'impôt sera calculée sur ce montant, proportionnellement à votre "taux d'imposition moyen amélioré". Ce "taux d'imposition moyen amélioré" est de 30 pourcents minimum (pour les revenus jusqu'à 700.000 francs au plus) et de 40 pourcents maximum (pour les revenus de 1.750.000 francs et au-delà).

Pour clarifier le système, recourons à un exemple. Supposons que vous avez consacré 22.000 francs à l'épargne-pension et que votre "taux d'imposition moyen amélioré" est de 36%: vous bénéficiez d'une réduction d'impôt de 7.920 francs. Sur votre avertissement-extrait de rôle, ce montant est déduit de l'impôt dû (ou bien il vous est remboursé par le fisc, si vous n'avez pas de supplément à payer).

Plafond personnel

Les versements pris en considération pour cet avantage fiscal sont toutefois limités: le versement annuel maximal est de 22.000 francs pour l'épargne-pension et de 66.000 francs pour le compte d'assurance. Mais ce plafond de 66.000 francs couvre aussi d'autres postes. Ainsi, les primes que vous payez pour d'autres assurances-vie (notamment pour votre assurance de solde restant dû) se retrouvent dans ce pot de 66.000 francs. Et, si vous avez contracté un emprunt hypothécaire pour l'acquisition de votre habitation, il en va de même pour les amortissements en capital de cet emprunt. De ce fait, il est possible que vous ayez déjà "consommé" d'une autre manière une partie de vos 66.000 francs. En outre, cette limite de 66.000 francs n'est d'application que si votre revenu atteint un minimum de 1.017.500 francs. Si votre revenu est moins élevé, votre plafond personnel l'est aussi.

Ce plafond personnel se calcule comme suit: partez de votre revenu imposable personnel (attention: pas celui du ménage, car chacun des deux partenaires a un plafond fiscal distinct de 66.000 francs maximum) et prenez-en 6 pourcents. Ajoutez-y 4.950 francs. Si votre revenu imposable s'élève par exemple à 850.000 francs, votre plafond personnel est de 51.000 + 4.950 francs = 55.950 francs.

Pour savoir dans quelle mesure votre plafond personnel est rabaissé par les amortissements en capital de votre emprunt, le mieux est de consulter un bon ***guide du contribuable***. En vous contentant du montant figurant sur l'attestation fiscale de votre banque, vous risquez de faire erreur, car, dans bien des cas, ce montant ne peut être pris en compte qu'à raison d'un certain pourcentage. Il va de soi que vous pouvez également vous faire aider par un conseiller fiscal.

Dans notre pays, il existe trois **guides du contribuable** complets et fiables, dont une version actualisée paraît chaque année. Tous trois sont disponibles en librairie. L'Almanach du Contribuable 1997, Editions Standaard, 595 francs. Guide Impôts & Placements 1997, Editions Pelckmans, 695 francs. Guide-Impôts 97, Test-Achats, 495 francs. Envoyé gratuitement aux abonnés à Budget & Droits.

En règle générale, si les amortissements en capital fiscalement déductibles de votre emprunt hypothécaire totalisent déjà un montant important, verser des primes pour une assurance-vie ou un compte d'assurance n'a plus beaucoup de sens. Mais, une fois votre emprunt remboursé, ces formules d'épargne peuvent se révéler utiles, puisqu'elles vous permettent d'éviter une importante augmentation d'impôt. Supposons par exemple qu'à l'échéance de votre emprunt, vous "perdez" 60.000 francs d'amortissements en capital fiscalement déductibles. Il y a gros à parier que, dès l'année suivante, vous devrez payer 30.000 francs d'impôts en plus. Mais, en transférant sans tarder 60.000 francs de votre compte d'épargne ordinaire à un compte d'assurance, vous éviterez en grande partie cette augmentation d'impôt. Tenez cependant compte du fait qu'en principe, cet argent devra rester immobilisé jusqu'à votre retraite (voir aussi Conseil n° 33). De plus, vous devrez payer un impôt final de 10 pourcents sur la totalité du capital épargné le jour où vous le réclamerez (que ce soit au moment de votre retraite ou ultérieurement). A l'avantage fiscal dont vous bénéficiez pour l'année du versement, vous devez donc opposer l'inconvénient fiscal de la taxation finale (voir Conseil n° 39).

Conseil n°35

Esquiver le fisc grâce aux sicav.

Autre catégorie d'investissements assurant l'exonération de précompte mobilier: les ***sicav***. L'exemple suivant clarifiera le principe de cette exonération fiscale. Supposons que vous voulez investir 50.000 francs en obligations d'Etat belges. Deux possibilités vous sont offertes: ou bien vous achetez vous-même des obligations d'Etat pour ce montant, ou bien vous achetez des parts d'une sicav qui investit en obligations d'Etat belges. La différence est évidente: si vous investissez vous-même en obligations d'Etat, vous devrez payer chaque année, sur les intérêts, 15 pourcents de précompte mobilier. Si le gestionnaire d'une sicav achète les obligations d'Etat à votre place, vous ne paierez pas de précompte mobilier sur le coupon annuel.

Les **sicav** sont des fonds communs de placement qui vous permettent d'esquiver le précompte mobilier en toute légalité. Investir votre argent dans une sicav, c'est le verser dans une grande tirelire, en même temps que les capitaux d'autres investisseurs. Et tout cet argent est investi collectivement (en actions, obligations, comptes à termes, dollars... A vous de choisir la spécialité!) par le gestionnaire de la sicav.

L'astuce de la capitalisation

Mais il y a un problème. Si le gestionnaire du fonds vous verse chaque année les revenus du coupon, vous devrez quand même payer le précompte mobilier sur les intérêts ainsi encaissés (15 pourcents s'il s'agit d'une sicav belge, 25 pourcents pour une sicav luxembourgeoise). Et, du coup, l'avantage fiscal sera réduit à néant. C'est pourquoi les banques ont imaginé une autre solution: au lieu de verser annuellement les intérêts à l'investisseur, elles les réinvestissent dans d'autres obligations. De ce fait, les intérêts rapportent à leur tour des intérêts. Dans le jargon des banquiers, ils sont "capitalisés". Pour vous, en tant qu'investisseur, l'avantage de cette formule ne fait aucun doute: la valeur de vos parts augmente systématiquement (vous pouvez en suivre l'évolution dans le journal). Et si, à un moment donné, vous souhaitez retirer votre argent, vous pouvez revendre (une partie de) vos parts à la banque. Vous récupérez alors le capital que vous avez investi, majoré des intérêts capitalisés, et le tout vous est versé sans intervention du fisc.
Pour obtenir ce résultat, vous devez évidemment opter pour une ***sicav de capitalisation***. Par contre, si votre choix se porte sur une ***sicav de distribution***, qui vous verse chaque année un coupon (car il en existe aussi), le précompte mobilier est incontournable.

Taxe boursière majorée

Inutile de dire que, ces dernières années, les sicav de capitalisation ont connu un succès fulgurant. Le Ministre des Finances, qui voyait ainsi un gros paquet d'impôts lui échapper, en a pris ombrage. Conséquence: à l'occasion de l'une ou l'autre opération d'assainissement, il a été décidé de taxer les sicav de capitalisation d'une autre manière. Le principe de la ***taxe boursière*** majorée n'a pas d'autre raison d'être. Si vous achetez des parts d'une sicav de capitalisation, vous payez, en plus des frais d'entrée exigés par la banque, une taxe boursière de 1 pourcent. Et, plus tard, lorsque vous revendez les titres, vous devez à nouveau payer 0,5 pourcent de taxe boursière. Par contre, si vous achetez des parts d'une sicav de distribution, qui, comme vous le savez, ne vous permet pas d'esquiver le précompte mobilier, vous ne payez que la modeste taxe boursière de 0,14 pourcent à l'achat – et rien du tout lors de la revente de vos parts (voir aussi annexe 2).

Dans la plupart des cas, vous regagnez cette taxe boursière majorée en un an et demi à deux ans, grâce aux économies

Au lieu de distribuer leurs intérêts annuellement sous la forme d'un coupon, les **sicav de capitalisation** les réinvestissent avec le reste du capital (c'est ce qu'on appelle capitaliser dans le jargon du métier). Lorsque l'investisseur revend ses parts, les intérêts capitalisés lui sont versés comme plus-value exonérée d'impôt.

Les **sicav de distribution**, par contre, distribuent un coupon annuel, sur lequel vous payez 15 (sicav belges) ou 25 (sicav luxembourgeoises) pourcents de précompte mobilier.

La **taxe boursière** est une taxe que vous payez lors de l'achat des placements. Dans la plupart des cas, elle s'élève à 0,14 ou 0,35 pourcent. Pour les sicav de capitalisation, toutefois, ce taux atteint 1 pourcent à l'achat et 0,5 pourcent à la vente.

réalisées sur le précompte mobilier. Gardez vos parts plus longtemps, et vous commencerez à profiter vraiment de l'exonération de précompte mobilier. Mais si vos placements n'ont qu'un avenir de quelques mois, mieux vaut opter pour une sicav de distribution. En pareil cas, le précompte mobilier que vous devez payer est le plus souvent inférieur au supplément de taxe boursière.
Attention: même si l'achat d'obligations par l'intermédiaire d'une sicav est fiscalement avantageux, il n'est pas dénué d'inconvénients (voir Conseil n° 19).

Conseil n°36

Les actions à précompte réduit.

Actions PR

En principe, les ***dividendes*** des actions sont soumis à un précompte mobilier de 25 pourcents. Mais, si vous possédez des "actions à précompte réduit", également appelées ***actions PR***, vous ne payez que 15 pourcents de précompte mobilier. Dans les cours de la Bourse, vous reconnaîtrez ces actions aux lettres PR qui suivent leur nom. En raison de ce précompte réduit, les actions PR ont un rendement net plus élevé que les autres. De plus, elles cotent souvent nettement moins cher que les actions ordinaires, ce qui augmente encore leur rendement. Mieux vaut donc acheter des actions PR que des actions ordinaires. Malheureusement, il n'existe pas encore d'actions PR dans tous les domaines.

Comme actionnaire, vous êtes copropriétaire d'une entreprise. En toute logique, vous devez donc toucher chaque année votre part des bénéfices réalisés. Les bénéfices que vous recevez en tant qu'actionnaire sont les **dividendes**, sur lesquels vous payez en principe 25 pourcents de précompte mobilier.

Les **actions PR** sont des actions dont les dividendes sont soumis à un précompte mobilier réduit de 15 pourcents.

Par **liquidité**, on entend la mesure dans laquelle une action (ou un autre placement) peut être négociée. Un placement qui peut être retransformé en argent sans difficulté ni frais excessifs est dit liquide. Dans le cas contraire, le placement est considéré comme peu ou pas liquide.

A première vue, le fait que ces actions fiscalement avantageuses sont meilleur marché que les actions ordinaires peut paraître bizarre, étant donné qu'elles sont plus intéressantes. Cette anomalie apparente s'explique pourtant sans mal. Etant moins faciles à négocier, les actions PR sont traitées avec dédain par les grands investisseurs institutionnels, – banques, fonds de placement et compagnies d'assurances, – pour lesquels cette ***liquidité*** restreinte a des conséquences gênantes. Avec des actions peu liquides, en effet, un très gros ordre de vente risque de provoquer une dégringolade des cours. Or, pour un vendeur, il n'y a rien de pire qu'une pareille chute autoprovoquée. Un ordre d'achat relativement important, par contre, produit l'effet contraire: au grand dam de l'acheteur, les cours commencent immédiatement à grimper. C'est pourquoi les grands investisseurs préfèrent se passer des actions PR. D'autant qu'ils se moquent complètement du précompte réduit, le précompte mobilier ne constituant pour eux que des versements anticipés, avec imputation ultérieure à l'impôt des sociétés. Dès lors, ces actions, qui devraient être plus chères, parce qu'elles présentent un avantage fiscal, sont souvent meilleur marché, parce que les grands investisseurs n'en veulent pas.

Les strips en Bourse

Préoccupés par ce problème, les autorités boursières et le Ministre des Finances y ont cherché – et trouvé – une solution: désormais, les sociétés peuvent convertir leurs actions PR en actions ordinaires, plus liquides, auxquelles sont couplés des strips assurant un avantage fiscal exceptionnel. Si un investisseur présente une action ordinaire avec strip, il ne paie que 15 pourcents de précompte mobilier. L'encaissement des dividendes sans strip, par contre, lui coûte 25 pourcents de précompte mobilier. Le strip, qui peut être négocié séparément en Bourse, ne représente donc que le droit au PR. Mais, une fois munie d'un strip, une action ordinaire devient automatiquement beaucoup plus facile à négocier. Cependant, les sociétés qui ont émis des actions PR ne sont pas dans l'obligation de les échanger contre des actions ordinaires avec strips. Certaines l'ont déjà fait, mais d'autres ne s'y sont pas encore résolues.

A première vue, ce système de strips paraît acceptable. Mais, dans la pratique, il n'est pas intéressant. Et ce pour deux raisons. D'une part, il y a l'incertitude fiscale. Le jour où les pays européens décideront d'instaurer un précompte mobilier européen, applicable dans tous les pays pour toutes les formes d'investissements, le strip ne vaudra plus rien. Par ailleurs, la décision gouvernementale de l'an dernier, qui a relevé le taux du précompte mobilier de 13,39 pourcents à 15 pourcents, a également modifié la valeur de ces strips. Et c'est là que gît la difficulté. Comme les strips ne représentent qu'un avantage fiscal, leur valeur dépend entièrement des décisions du législateur fiscal. Or, à cet égard, la versatilité est de rigueur dans notre pays. La seule stratégie envisageable est de payer l'avantage fiscal pour une année, en espérant qu'il se prolongera les années suivantes. Payer davantage est une absurdité. Personne ne pouvant vous garantir que, l'année prochaine, un caprice fiscal ne privera pas vos feuilles de strips de toute valeur, ne payez jamais trop cher pour un strip.

Mais il existe une deuxième raison pour laquelle l'achat de ces strips ne présente pas d'intérêt pour l'investisseur. Lorsque vous achetez des titres à très bas prix (un prix de 10 à 30 francs par strip est tout à fait normal), les frais de transaction pèsent lourd dans la balance. Les frais fixes de 200 à 300 francs réclamés par la plupart des banques et sociétés de Bourse font toute la différence quand l'ordre n'est que de quelques centaines de francs. Supposons par exemple que vous voulez acheter 10 actions de la Générale de Banque à un cours de 10.000 francs pièce, en même temps que dix strips de la Générale de Banque à un cours de 52 francs le strip. Pour l'achat des actions, vous payez donc environ 100.000 francs, plus 1.000 à 1.500 francs de frais, soit 1 à 1,5 pourcent. Mais les 10 strips vous coûtent 520 francs, plus 200 à 300 francs de frais, soit à peu près 50 pourcents de la valeur des strips. C'est dire que, pour que cet achat puisse être considéré comme intéressant, l'avantage fiscal que vous en retirez doit être nettement plus élevé. Deux institutions financières (Paribas et la Mauretus Spaarbank) ne réclament pas de frais fixes, mais appliquent un tarif variable. Si vous voulez acheter des strips, vous avez donc avantage à vous adresser à elles. A condition toutefois que vous renonciez à vous les faire livrer physiquement. Sinon, vous n'échapperez pas à 300 à 400 francs de frais supplémentaires.

En raison de l'incertitude fiscale et de l'importance relative des frais de transaction, il est généralement inintéressant de négocier des strips. Les vendeurs n'en tirent pas assez et les acheteurs doivent les payer trop cher, surtout compte tenu de l'incertitude fiscale. C'est pourquoi les strips ne font pas un tabac à la Bourse. Si vous recevez des strips lors de l'échange d'actions PR, mieux vaut donc les conserver et les utiliser. Mais, si vous possédez des actions ordinaires, les compléter par des strips peut être excessivement coûteux. L'avantage fiscal qu'ils vous assurent cette année doit en effet être entièrement payé. Et rien ne prouve qu'ils vous feront gagner davantage d'argent à l'avenir. Si vous voulez investir dans des actions qui existent encore sous la forme de PR sans strips, achetez plutôt les actions PR. Grâce au précompte mobilier réduit, celles-ci sont généralement plus intéressantes que les actions ordinaires. Surtout si vous pouvez les acheter à un prix inférieur.

Conseil n°37

Au Grand-Duché par le train des coupons.

Chaque jour, des Belges s'embarquent pour le Luxembourg à bord du célèbre "train des coupons". Pourquoi? Tout simplement parce que, s'ils encaissent les intérêts (souvent appelés coupons) de leurs obligations par-delà la frontière luxembourgeoise, l'argent leur est versé intégralement. Dans une banque belge, par contre, 15 pourcents de précompte mobilier sont retenus au préalable. Et cette retenue inspire à tous les Belges une profonde aversion.

Noirciment

Pourtant, toute personne qui encaisse ses coupons au Luxembourg, afin d'esquiver le précompte mobilier, et n'en déclare pas les revenus au fisc belge transgresse la loi. D'après la loi, en effet, les revenus des coupons perçus à l'étranger doivent être déclarés à l'impôt des personnes physiques. Un espace est même réservé à cet effet dans la déclaration fiscale (cadre IV). Si vous y manquez, vous vous rendez coupable de fraude fiscale. C'est ainsi que beaucoup de gens noircissent leur argent blanc.

Dans la plupart des cas, toutefois, le risque de se faire "attraper" n'est pas grand. Si votre mode de vie n'est pas sans commune mesure avec votre déclaration d'impôts, il est peu probable que le fisc entreprenne des fouilles approfondies. Mais, depuis peu, un autre danger s'est fait jour. Quand, après vous être présenté au département coupons de l'une ou l'autre banque luxembourgeoise, vous regagnez le territoire belge, la douane peut vous soumettre à un contrôle en règle. Et, si elle vous trouve en possession de documents financiers ou d'une forte somme d'argent liquide, elle se hâte de le signaler aux services des contributions directes. Dès lors, il ne vous reste plus qu'à aller vous expliquer au contrôle local dont vous dépendez. Rien ne vous empêche évidemment de soutenir que vous aviez l'intention de tout déclarer. Mais, en règle générale, le fisc profite de l'occasion pour réviser votre situation fiscale. Et, comme il peut remonter jusqu'à cinq ans en arrière, il risque de découvrir pas mal de cadavres dans vos placards. S'il apparaît par exemple qu'au cours des dernières années, vous avez reçu beaucoup plus d'argent (indemnisation d'une assurance, vente d'une maison, etc.) que vous n'en avez déclaré, vous devrez pouvoir expliquer où est passé le reste. Si vous en êtes incapable, le fisc en déduira que vous l'avez

Les valeurs sont souvent appelées **titres**. Il peut s'agir d'obligations, d'actions, de bons de caisse, de sicav, etc.

dissimulé. Et vous devrez alors payer les contributions que vous aviez cru esquiver, dûment estimées par le fisc et majorées des intérêts de retard et d'une amende administrative non négligeable.

En découvrant que la route du Grand-Duché était désormais semée d'embûches, les investisseurs sont devenus plus prudents. Mais les banques luxembourgeoises n'ont pas baissé les bras pour si peu. Pour permettre à leurs clients belges de bénéficier du service-coupons luxembourgeois, sans devoir s'imposer les dangers d'un déplacement, elles proposent de garder les obligations chez elles et de verser automatiquement les intérêts sur un compte luxembourgeois (voir aussi Conseil n° 5). Compte qui va de pair avec une carte Visa (souvent sans mention du nom de la banque) ou un carnet d'eurochèques. De cette manière, vous pouvez régler vos achats belges avec votre argent luxembourgeois, sans devoir franchir la frontière. L'obligation de déclarer les coupons versés sur ce compte à l'impôt des personnes physiques n'en est évidemment pas abolie pour autant. Mais, si vous décidez de ne pas en tenir compte, le risque d'être pris en flagrant délit est nettement réduit.

Attention: encaisser des intérêts, dividendes ou coupons à l'étranger n'est pas toujours judicieux. Dans bien des cas, en effet, que vous vous adressiez à un guichet luxembourgeois ou à un guichet belge, vous ne couperez pas au précompte mobilier. Ainsi, sur les ***titres*** belges, – bons de caisse belges, obligations de l'Etat belge, actions belges, obligations des entreprises belges et sicav belges, – présentés dans une banque luxembourgeoise, le précompte mobilier est de toute façon retenu. Par contre, tant au Grand-Duché qu'aux Pays-Bas, les revenus des titres non belges échappent au précompte mobilier. Les principaux titres de cette catégorie sont les euro-obligations, les sicav luxembourgeoises et les actions étrangères.

- - - *Conseil n°38* Les Pays-Bas, paradis du coupon?

Concurrence effrénée

Nombre d'investisseurs prennent leur envol pour le Luxembourg afin que leurs intérêts ne soient pas écornés par le précompte mobilier (voir aussi Conseil n° 37). Mais le même avantage vous est assuré aux Pays-Bas, dont les agences frontalières, désireuses de gagner les bonnes grâces de l'investisseur belge, se sont récemment lancées dans une concurrence effrénée. Pour attirer les Belges jusqu'à leurs guichets, elles ne reculent devant rien. Un vrai régal pour les amateurs!

Le premier atout – relativement récent – des banques néerlandaises est l'ouverture du samedi. La Rabobank, par exemple, la pratique dans une vingtaine d'agences, et l'ABN Amro Bank dans 150 à 200 agences. Quant à la GWK-Bank, elle a fait un pas de plus, en ouvrant aussi le dimanche, pendant la plus grande partie de la journée. En outre, cette dernière institution financière a regroupé ses agences le long de la frontière belgo-néerlandaise, ainsi que dans toutes les gares néerlandaises importantes. Ce qui les rend idéalement accessibles au touriste belge encaisseur de coupons.

Mais ces banques ont d'autres cartes dans leurs manches. Ainsi la GWK ne réclame-t-elle que 1 pourcent de ***frais d'encaissement*** et paie-t-elle directement en francs belges les coupons en francs luxembourgeois. De ce fait, vous évitez le détour par le florin néerlandais, et donc les frais de change. Un certain nombre d'agences frontalières de la Rabobank et les agences zélandaises d'ABN-Amro ont également opéré une révision fondamentale de leur structure de frais. Depuis quelque temps, l'encaissement des coupons et des manteaux d'obligations peut se faire sans frais, à condition qu'il s'agisse de titres en francs luxembourgeois et que l'argent soit réinvesti dans ces banques, tant le mode de placement que la devise restant à votre choix. De plus, ces banques ont lancé des produits d'épargne en francs belges, qui sont souvent très appréciés.

Les **frais d'encaissement** sont les frais que la banque vous réclame pour le paiement des coupons et le remboursement des placements venus à échéance.

Secret bancaire

Bien que, comme investisseur, vous puissiez tirer profit de la concurrence qui fait rage le long de la frontière belgo-néerlandaise, les risques ne doivent pas vous échapper. Car ces banques n'ont évidemment pas pour seul objectif de vous permettre d'encaisser vos coupons. Même s'il n'y paraît pas à première vue, elles s'efforcent avant tout de s'attacher votre clientèle. En matière de sécurité, elles ne le cèdent en rien aux banques belges et luxembourgeoises. Mais tenez compte du fait qu'aux Pays-Bas, le secret bancaire offre beaucoup moins de garanties qu'au Luxembourg. Sur simple demande, les banques néerlandaises sont tenues d'ouvrir leurs livres au fisc belge et de lui communiquer les opérations de leurs clients. Ouvrir un compte aux Pays-Bas comporte donc certains risques pour les investisseurs soucieux de préserver leur anonymat. S'il s'agit de montants insignifiants dont le fisc ignore l'existence, vous n'avez pas de soucis à vous faire. Mais, si votre niveau de vie trahit des signes de prospérité inconciliables avec vos revenus, du moins tels que le fisc les connaît, le secret bancaire luxembourgeois n'est pas du luxe. Par ailleurs, si vous devez investir une importante somme d'argent que vous avez obtenue de manière officielle, comme l'indemnité d'une assurance de groupe ou d'une assurance-vie, la vente d'une affaire ou d'une maison, etc. faites preuve de prudence. En pareil cas aussi, votre argent sera plus en sécurité au Luxembourg.

- - - *Conseil n°39*

Epargnez pour votre pension: le fisc participe.

C'est de notoriété publique: les caisses de retraite se vident peu à peu. Si vous voulez vous assurer une pension convenable pour plus tard, vous avez donc tout intérêt à vous réserver une poire pour la soif. En passant par le système d'épargne-pension officiel, vous obtiendrez déjà un avantage fiscal non négligeable.

Tout comme pour les versements effectués dans le cadre d'une assurance-vie, cet avantage fiscal est calculé sur la base de votre “taux d'imposition moyen amélioré” (voir aussi Conseil n° 34). Ce taux d'imposition moyen amélioré varie en fonction de vos revenus, mais il se situe pour tout le monde entre 30 (revenus jusqu'à 700.000 francs) et 40 pourcents (revenus supérieurs à 1.750.000 francs). Concrètement, cela signifie que le fisc rembourse 30 à 40 pourcents

de votre versement. Malheureusement, vous ne pouvez profiter de ce cadeau que pour une somme limitée: le montant maximal à prendre en considération pour l'avantage fiscal est de 22.000 francs. Si, cette année encore, vous versez cette somme maximale sur un compte d'épargne-pension, une réduction d'impôt de 30 à 40 pourcents, soit 6.600 à 8.800 francs, vous sera accordée l'an prochain sur votre avertissement-extrait de rôle. Ce montant sera déduit de vos impôts, ou bien il vous sera remboursé si vous n'avez pas de supplément à payer.
Mais, comme rien n'est parfait, si vous acceptez ce cadeau du fisc, vous devrez plus tard payer un impôt sur le capital épargné. Cet impôt, qui est appelé "taxe sur l'épargne à long terme", est en principe prélevé pendant l'année de votre soixantième anniversaire et il s'élève à 10 pourcents de votre capital-pension fictif. Capital fictif que le fisc calcule en ***capitalisant*** chaque prime à ***un intérêt de 4,75 pourcents par an.*** Votre argent a rapporté davantage? Dans ce cas, le surplus est exonéré d'impôt. Si, à la date de votre soixantième anniversaire, ce capital fictif atteint 500.000 francs, le fisc en prélève 50.000 francs. Heureusement, il s'agit là de l'impôt final. Dès ce moment, lorsque vous réclamerez votre capital, il vous sera versé intégralement, sans aucun prélèvement fiscal supplémentaire.

Capitaliser à 4,75 pourcents signifie que, chaque année, les montants versés rapportent un intérêt de 4,75 pourcents. Les années suivantes, cet intérêt, investi avec les versements, rapporte le même intérêt qu'eux. La technique de la capitalisation des versements à 4,75 pourcents est généralement appliquée, dans le secteur des assurances, pour calculer le capital final garanti d'une assurance-vie. Quant au fisc, il recourt également à cette technique pour calculer le capital final fictif sur lequel vous devez payer des impôts.

Les plus de soixante ans ont le vent en poupe

Mieux encore: si vous continuez à alimenter votre compte d'épargne-pension après votre soixantième anniversaire (vous pouvez le faire jusqu'à 65 ans), vous bénéficiez toujours de l'avantage fiscal proportionnel à vos versements, mais vous n'avez plus à subir de taxation finale. Les plus de soixante ans auraient grand tort de ne pas profiter de l'aubaine: impossible de trouver un placement plus rentable!

Quant à réclamer prématurément votre capital, vous n'y êtes pas autorisé. Légalement, vous ne pouvez redemander votre argent que lorsque vous prenez votre retraite, ou – au plus tôt – cinq ans auparavant. Si vous passez outre, une lourde sanction vous est infligée, le fisc s'emparant de 33% de votre capital. Autrement dit, c'est comme si un versement sur trois était allé au fisc...

Malgré la taxe sur l'épargne à long terme, l'épargne-pension reste, fiscalement, un système attrayant. Surtout pour les plus de 45 ans, les avantages fiscaux sont manifestement supérieurs aux inconvénients. Pour les gens de 30 ans, l'avantage fiscal d'un versement équivaut à peu près à la taxe qu'ils devront payer, à 60 ans, sur ce même versement capitalisé. Mais le jeu en vaut quand même la chandelle. Si vous recevez cette année 6.600 à 8.800 francs du fisc parce que vous versez 22.000 francs sur votre compte d'épargne-pension et que vous ne devez les rembourser, sans intérêt, que d'ici trente ans, vous ne faites certainement pas une mauvaise affaire. Ce bonus fiscal accroît considérablement le rendement de l'épargne-pension.

Vous pouvez ouvrir un **compte d'épargne-pension** dans n'importe quelle banque ou société de Bourse. Les versements y sont faits en toute liberté: c'est vous qui décidez du moment et du montant. Toutefois, la somme maximale à prendre en considération pour l'avantage fiscal est de 22.000 francs par an. A l'âge de la retraite, vous percevez les primes payées, majorées de leur rendement. Ce rendement n'est pas garanti d'avance.

Pour contracter une **assurance-pension**, vous pouvez vous adresser à n'importe quel assureur. Dès le départ, vous connaissez le capital minimum garanti que vous recevrez à l'échéance si vous versez chaque année la prime convenue. Si, pour l'une ou l'autre raison, vous souhaitez "sauter" une année dans vos versements, vous êtes en droit de le faire, mais le capital final sera évidemment adapté en conséquence.

Banquier ou assureur

Si vous voulez vous mettre sérieusement à l'épargne-pension, vous avez deux possibilités: ou bien vous ouvrez un ***compte d'épargne-pension*** auprès de votre banque ou de votre société de Bourse, ou bien vous contractez une ***assurance-pension*** chez votre assureur. Fiscalement, les deux formules sont traitées de la même manière. Mais elles présentent certaines différences au niveau du rendement. Les assurances-pension garantissent annuellement un rendement minimum de 4,75 pourcents, le capital final correspondant étant également garanti dès le départ. De plus, vous aurez peut-être droit à une participation aux bénéfices, mais celle-ci n'est pas garantie. Les fonds d'épargne-pension des banquiers, par contre, ne garantissent rien et subissent parfois des fluctuations de rendement spectaculaires. Certaines années, le bénéfice peut dépasser 20 pourcents, mais un rendement négatif, bien qu'exceptionnel, n'est pas non plus impossible. Sur une longue période, cependant, ces fonds produisent souvent un return plus élevé que les assurances. Si 10 ou 15 ans vous séparent encore de votre retraite, mieux vaut donc opter pour la formule des banquiers, car c'est elle qui présente, à long terme, les possibilités de gain les plus intéressantes. Mais, si vous avez franchi le cap de la cinquantaine, les contrats d'assurance-pension vous offrent davantage de garanties.

Si vos préférences vont à l'assurance-pension, étudiez les offres de différents assureurs. Comparer les capitaux finaux garantis est une chose, mais les contrats présentent aussi des différences non négligeables en matière de couverture décès. Un courtier compétent peut vous aider dans la recherche du contrat le plus intéressant. Parmi les fonds d'épargne-pension des banquiers, celui de la Metropolitan s'est distingué, dès sa constitution, par ses excellents résultats d'investissement. Les prestations supérieures de ce fonds, qui fait chaque année la course en tête, tiennent en grande partie aux talents d'investisseur de son gestionnaire (ou plutôt de sa gestionnaire, car il s'agit d'une femme).

Conseil n°40

Les droits de succession sont-ils vraiment prohibitifs?

Hériter peut coûter pas mal d'argent. Entre conjoints ou entre parents et (petits-)enfants, c'est encore faisable. Mais, quand les frères, sœurs, oncles, tantes, neveux et nièces entrent dans le jeu, les ***droits de succession*** peuvent prendre des proportions catastrophiques. Pour ne rien dire des taux prohibitifs auxquels sont soumis les héritiers qui n'ont aucun lien de parenté avec le défunt.

En ligne directe, c'est-à-dire entre conjoints ou entre parents et (petits-)enfants, la première tranche de 500.000 francs par héritier est exonérée de droits de succession. Si vous êtes marié et que vous avez trois enfants, l'exonération s'applique donc à 500.000 francs par personne, de sorte que vous pouvez laisser 2 millions "taxfree". Si votre patrimoine dépasse ce montant exonéré, chaque héritier paie, sur la tranche de 500.000 francs suivante, 4 pourcents de droits de succession. Le million suivant, toujours par héritier, est taxé à 5 pourcents, etc. (voir aussi annexe 1).

Tout bien considéré, le barème des droits de succession en ligne directe est assez acceptable. Si vous léguez 2 millions à votre enfant, par exemple, il ne devra payer, sur cette somme, que 70.000 francs de droits de succession. Pour-

Les **droits de succession** sont les impôts que vos héritiers doivent payer lorsqu'ils reçoivent votre héritage. Le taux des droits de succession dépend du degré de parenté entre les héritiers et le défunt. Pour les conjoints et les (petits-)enfants, ces taux sont généralement raisonnables. Mais, plus le lien de parenté se relâche, plus les taux sont élevés.

tant, il peut avoir des difficultés à débourser ces 70.000 francs. Laissez-lui par exemple une maison ou un terrain d'une valeur de 2 millions, et il aura le plus grand mal à en prélever 70.000 francs! Et, s'il ne les a pas sur son propre compte, il se trouvera dans l'obligation de vendre le bien dont il a hérité afin de pouvoir payer les droits de succession.

Enfants et petits-enfants

Il existe heureusement bon nombre de trucs et d'astuces pour réduire la pression des droits de succession. Rien qu'en exploitant à fond l'exonération de 500.000 francs par personne, vous pouvez soustraire au fisc un capital non négligeable. Vous avez plusieurs enfants? Dans ce cas, voilà déjà quelques millions auxquels le fisc ne touchera pas. Et, si vous avez la chance d'avoir aussi quelques petits-enfants, rien ne vous empêche de leur laisser directement, par testament, une partie de vos avoirs. Car les petits-enfants bénéficient aussi de l'exonération de 500.000 francs. Mais la ***réserve légale*** des enfants doit évidemment être respectée. Si vous n'avez qu'un seul enfant, la part qui lui est réservée par la loi s'élève à la moitié de l'héritage, le restant pouvant être transmis directement à vos petits-enfants (ou à d'autres héritiers). Si vous avez deux enfants, la part réservée est des deux tiers (un tiers par enfant) et, si vous en avez quatre ou plus, ce sont les trois quarts qu'il faut diviser entre tous les enfants. Par testament, vous pouvez donc toujours disposer librement d'un quart.

Il est en principe impossible de déshériter ses enfants. La loi réserve en effet à chaque enfant une partie de l'héritage. C'est ce qu'on appelle la **réserve légale**.

Un exemple. Vous avez deux enfants et deux petits-enfants et votre héritage est de trois millions. Vous devez alors laisser au moins 1 million à chacun de vos enfants, chacun payant 20.000 francs de droits de succession sur sa part. Le million restant peut être réparti entre vos deux petits-enfants. Si vous leur laissez 500.000 francs à chacun, ils ne paieront pas de droits de succession.

Si votre but est de tourner le fisc, attribuer une part de votre héritage à des frères, sœurs, oncles, tantes, neveux, nièces, amis ou connaissances ne vous avancera pas à grand-chose. Même sur la première tranche de 500.000 francs, en effet, ils doivent déjà payer de 20 à 30 pourcents de droits de succession, selon leur degré de parenté avec le défunt. Pour les montants au-dessus de sept millions, le taux des droits de succession atteint même 80 pourcents lorsqu'il n'existe aucun lien de parenté entre le bénéficiaire et le défunt.

Donations

Pour endiguer la rapide progression des droits de succession, vous pouvez vous rabattre sur une autre possibilité admise par la loi: faire donation de votre patrimoine avant votre décès. Si la donation a eu lieu au moins trois ans avant le décès, elle ne rentre pas dans la succession. En donnant des biens mobiliers, comme de l'argent, des bons de caisse, des obligations ou des actions, vous pourrez ainsi échapper totalement au fisc (voir Conseil n° 41).

Si par contre vous donnez à vos descendants des biens immobiliers, comme des maisons ou des terrains, chaque donation impose le paiement de droits de donation, aussi élevés que les droits de succession. Toutefois, si vous donnez tous les trois ans à vos enfants une petite partie de vos biens, les droits de donation seront chaque fois calculés sur un montant plus réduit. Le tout étant évidemment de rester en vie pendant trois ans. Car, si vous mourez dans les trois ans après la donation, celle-ci est rapportée à la masse de l'héritage. Et ce, qu'il s'agisse de biens mobiliers ou immobiliers.

Conseil n°41

Eviter les droits de succession en toute légalité.

Les moyens d'éviter les droits de succession ne manquent pas. Mais certains sont plus légaux que d'autres. Une des possibilités les plus intéressantes est sans conteste le ***don manuel***. Ce que vous donnez de la main à la main à vos descendants, au moins trois ans avant votre décès, est entièrement exonéré de droits de succession.

Bien que l'intervention d'un notaire ne soit pas nécessaire pour un don manuel, vous avez tout intérêt à confirmer votre don par un écrit daté. Et ce pour deux raisons. D'une part, pour que les autres héritiers, s'ils se sentent lésés, ne puissent pas contester le don. Et, d'autre part, pour que la date du don manuel ne puisse pas être mise en doute. Détail non négligeable, puisque, si vous restez en vie pendant trois ans au moins après le don manuel, celui-ci est entièrement exonéré de droits de succession. Par contre, si vous mourez dans les trois ans, le don entre dans le calcul de l'héritage et celui qui l'a reçu doit payer des droits de succession. Mieux vaut donc veiller à ce que la date du don manuel ne puisse faire l'objet d'aucune contestation.

Un **don manuel** est une donation dans laquelle le notaire n'intervient pas. Tous vos biens mobiliers (argent, valeurs, avoirs en compte, bijoux, objets d'art, voiture, etc. — bref, tout ce que vous pouvez déplacer) peuvent être donnés de cette manière à n'importe quelle personne de votre choix. La simple transmission des biens suffit. Mieux vaut toutefois, pour plus de sûreté, confirmer le don par écrit, afin que personne ne puisse le contester ultérieurement. Pour les biens immobiliers (bâtiments ou terrains), par contre, une donation ne peut se faire que par acte notarié.

Une **assurance droits de succession** peut être contractée à l'occasion d'un don manuel. Si le donateur meurt dans les trois ans, c'est l'assurance qui paie les droits de succession.

Quand on contracte une assurance, il faut payer une **prime**. C'est le montant que vous payez à l'assureur en échange de la couverture du risque. Les sommes que vous payez annuellement pour vos assurances incendie, auto, de solde restant dû, etc. sont également appelées primes.

Préciser la date

Différentes formules sont possibles. Vous pouvez par exemple expédier d'avance aux bénéficiaires une lettre dans laquelle vous leur faites part de vos nobles intentions et les invitez à se rendre à tel moment à un endroit convenu, afin d'y recevoir votre don. Ou bien vous pouvez faire appel à la technique de la lettre-enveloppe: la lettre est écrite au dos d'une enveloppe (ou sur une carte postale), de manière à ce que le cachet de la poste apparaisse au verso.

Quand vous transférez des valeurs (bons de caisse, obligations ou actions) d'un compte de titres à un autre, vous pouvez accessoirement obtenir de votre banquier une attestation confirmant le don manuel. Si vous voulez donner une somme d'argent, un virement d'un compte à un autre ne suffit pas toujours. Pour plus de sûreté, il est préférable de donner effectivement l'argent de la main à la main. Là encore, votre banquier peut vous fournir une attestation, du moins si l'argent a changé de mains en sa présence. Si vous voulez faire donation de biens immobiliers, par contre, il n'est pas question de recourir au don manuel: un acte notarié est indispensable. C'est dire qu'il est impossible de couper aux droits de donation, qui sont aussi élevés que les droits de succession (voir Conseil n° 40).

Assuré contre les droits de succession

Si vous mourez dans les trois ans après un don manuel, vos efforts ont été vains: les biens dont vous avez fait don sont rapportés à la succession et entraînent le paiement de droits. Aussi pouvez-vous, pour cette période de trois ans, contracter une ***assurance droits de succession***, qui assure le décès du généreux donateur. Si celui-ci meurt dans les trois ans, c'est la compagnie d'assurances qui paie les droits de succession. Mais les héritiers qui échappent ainsi au fisc doivent payer eux-mêmes la ***prime*** de cette assurance (éventuellement avec de l'argent reçu du donateur). Cette condition de paiement de la prime est capitale. Si les héritiers n'en tiennent pas compte, le montant de l'assurance est ajouté à l'héritage et soumis à des droits de succession.

L'ennui, c'est qu'en montants absolus, les primes de l'assurance droits de succession sont souvent très élevées, du moins lorsque l'héritage est important. Un exemple: votre père de soixante-cinq ans vous a donné des actions de son entreprise pour une valeur totale de vingt millions. Vous souhaitez contracter une assurance droits de succession, pour le cas où votre père mourrait dans les trois ans. La prime s'élèvera alors à 15 pourcents environ des droits de succession estimés. Soit, dans le cas qui nous occupe, une prime de plus de 500.000 francs, que vous aurez déboursée pour rien si votre père survit plus de trois ans. Or, cette prime est encore modeste par rapport à celle que vous auriez dû payer si vous aviez reçu des actions d'un oncle ou d'un ami. En outre, il va de soi que, plus le donateur est âgé, plus l'assurance est chère. Et, si le donateur est malade, la plupart des assureurs refusent purement et simplement de vous assurer. En dépit de ces inconvénients, cette assurance peut être très utile. Un courtier compétent vous orientera vers la compagnie la plus susceptible de vous proposer une police adaptée à vos besoins. A moins que vous ne préfériez vous adresser à votre banquier, nombre de banques ayant ajouté l'assurance droits de succession à leur gamme.

Ce qui est donné est donné

Un problème d'une tout autre nature, parfois associé au don manuel, est l'impossibilité de changer d'idée. Ce qui est donné est donné. L'annulation de la donation ne peut être obtenue que dans des circonstances exceptionnelles (par exemple en cas d'ingratitude flagrante du bénéficiaire). Bien sûr, quand vous faites une donation, vous êtes en droit d'y attacher certaines conditions. Vous pouvez par exemple exiger de toucher vous-même les intérêts de votre portefeuille d'obligations, ou bien obliger le bénéficiaire à pourvoir à votre entretien. Mais beaucoup de gens hésitent néanmoins à se séparer de tous leurs biens, persuadés qu'ils sont de devoir vivre encore de nombreuses années!

- - - *Conseil n°42*
Pas de droits de succession en Espagne et au Luxembourg.

Pour esquiver les droits de succession, les gens qui éprouvent une répulsion instinctive à l'égard du fisc vont souvent très loin. Parfois même jusqu'en Espagne. Pour les allergiques aux droits de succession, l'Espagne est la destination idéale, car les législations belge et espagnole ne sont absolument pas harmonisées sur ce point, le législateur belge ne réclamant de droits de succession que si le défunt habitait en Belgique, et le législateur espagnol que si les héritiers habitent en Espagne. Un exemple: Monsieur X loue un logement à Malines et possède une deuxième résidence en Espagne. Il a deux enfants qui habitent également Malines. X tombe gravement malade: il sait qu'il n'en a plus que pour quelques mois à vivre. Il déménage donc officiellement en Espagne, où il passe ses derniers mois. De ce fait, le jour de son décès, il est un habitant du Royaume d'Espagne, tandis que ses enfants sont restés des habitants du Royaume de Belgique. Tant le fisc belge que le fisc espagnol ont donc raté le coche. Puisque Monsieur X habitait en Espagne, le fisc belge ne peut pas exiger de droits de succession. Et, les héritiers habitant en Belgique, le fisc espagnol n'est pas mieux loti.

Pas de déménagement fictif

Attention, toutefois: ce truc est moins facile à réussir qu'il n'y paraît. Un déménagement fictif, consistant en un simple changement de domicile officiel, ne suffit pas. Si le fisc soupçonne que vous essayez d'esquiver l'impôt, il peut par exemple vérifier si votre consommation d'électricité à votre domicile espagnol a été "normale". Et si les notes d'hôpital proviennent bien d'un établissement hospitalier espagnol, etc.

Dans bien des cas, le Luxembourg est aussi une terre d'esquive idéale. Car les droits de succession en ligne directe (entre conjoints et entre parents et (petits-)enfants) y sont inexistants. Si vous déménagez (pour de bon) au Luxembourg, vos héritiers en ligne directe seront donc exemptés de droits de succession. Les autres héritiers, par contre, sont tenus d'en payer.

Conseil n°43
Vider le coffre du défunt? Attention!

En Belgique, échapper aux droits de succession est un véritable sport national. Mais certaines méthodes sont plus risquées que d'autres. Une astuce très simple, très courante, mais parfaitement frauduleuse (et, dans bien des cas, très dangereuse), est la technique du coffre bancaire vide. Tout le monde sait de quoi il s'agit: lors d'un décès, le coffre bancaire du défunt est vidé en toute hâte, avant que le directeur de la banque (qui préfère souvent fermer les yeux) n'y appose les scellés. Plus tard, lorsque le coffre est ouvert officiellement en présence d'un fonctionnaire des Finances, il ne contient plus que du vent. C'est le moyen choisi par nombre de Belges pour contourner l'article 1 du Code des droits de succession, en vertu duquel un impôt est prélevé sur l'héritage de tout habitant du Royaume, après déduction de ses dettes. Mais ce n'en est pas pour autant un moyen recommandable, puisqu'il s'agit bel et bien d'une fraude.

De plus, cette technique n'est pas toujours sans danger. Le fonctionnaire du fisc risque en effet de s'étonner que le défunt ait loué un coffre dans une banque pour le plaisir de le laisser vide. De là à soupçonner la fraude, il n'y a qu'un pas. Et le fisc peut alors ouvrir une enquête et exiger la levée du secret bancaire. Ce qui signifie que l'administration peut prendre connaissance de toutes les opérations financières effectuées par le défunt au cours des trois dernières années. Dans certains cas, d'ailleurs, même les opérations antérieures peuvent être dévoilées. Aussi, pour ne pas réveiller le chat qui dort, les héritiers les plus futés préfèrent-ils "oublier" dans le coffre quelques titres ou bijoux de relativement peu de valeur.

Un coffre au Luxembourg

Mieux vaut évidemment que le fisc n'ait pas à être présent lors de l'ouverture du coffre. Pour cela, il suffit que le défunt ait loué un coffre au Luxembourg. Contrairement à ses collègues belges, un banquier luxembourgeois n'est pas tenu d'informer le fisc belge des avoirs et coffres que le défunt possédait chez lui. En principe, le fisc belge doit donc tout ignorer du coffre luxembourgeois du défunt ou des comptes ouverts à son nom au Luxembourg.

Mais, là encore, rien n'est simple. Car, d'après la loi, les héritiers belges qui recueillent ces possessions et avoirs luxembourgeois ont l'obligation de les déclarer au fisc. S'ils s'en abstiennent, ils commettent une fraude. Toutefois, le risque que cette fraude soit révélée au grand jour est infime, les Luxembourgeois étant tellement attachés à leur secret bancaire qu'ils ne consentent à y renoncer que si le délit fiscal se double d'un autre (escroquerie, vol, meurtre, etc.). Les Pays-Bas, par contre, sont un refuge moins apprécié, car le secret bancaire y est beaucoup moins hermétique. Interrogés dans le cadre d'une enquête pour fraude fiscale, les banquiers néerlandais se déboutonnent presque immédiatement.

Dans un coffre d'une banque luxembourgeoise, votre argent est donc à l'abri du fisc. En principe, du moins, car, dans certains cas, l'administration réussit à percevoir des droits de succession, même si l'argent est sous clé. Supposons par exemple qu'elle découvre un document écrit révélant que, moins de trois ans avant sa mort, le défunt disposait d'une importante somme d'argent: que cette somme soit retrouvée ou non, elle va évidemment en inférer qu'il l'avait toujours en sa possession au moment de son décès. Il peut s'agir par exemple d'un acte notarié établi lors de la vente d'un bien immobilier ou d'une affaire, ou d'un document émanant de la compagnie d'assurances qui a versé au défunt le capital d'une assurance-vie ou d'une assurance de groupe, etc. Vous pouvez évidemment contester la présomption qui en découle au moyen d'autres documents, notamment des factures prouvant que cet argent a été consacré à un achat. Mais, si les héritiers ne parviennent pas à présenter ce genre de preuves, ils seront imposés sur la totalité du capital. Si vous ne voulez pas que le fisc accable vos descendants de droits de succession injustifiés, conservez donc soigneusement tous les documents et factures susceptibles d'établir la destination des sommes d'argent que vous avez officiellement perçues.

Si vous êtes marié sous le régime de la séparation de biens, un coffre peut vous permettre d'échapper légalement au fisc. Dans ce régime, en effet, seul le contenu du coffre du défunt doit être déclaré. C'est dire que, jusqu'à l'ultime instant avant le décès, le contenu de ce coffre peut être transféré dans celui du conjoint. Mais attention: une fois le décès connu du directeur de la banque, ce transfert n'est en principe plus possible, le coffre étant alors bloqué avec tout ce qu'il contient.

- - - *Conseil n°44*
Quel est le prix de l'argent?

Taux de chargement mensuel, taux d'intérêt ou mensualités?

Quand vous empruntez de l'argent, vous vous obligez à payer des intérêts, qui sont en fait le prix de l'argent. Mais où l'argent est-il le moins cher? La réponse est loin d'aller de soi, certains financiers ne mentionnant dans leurs offres de crédit que le taux d'intérêt annuel, alors que d'autres insistent sur le taux de chargement mensuel et que les ***courtiers en crédit*** se contentent souvent de préciser le montant des mensualités. De ce fait, la comparaison peut s'avérer difficile. Heureusement, avec une machine à calculer, la conversion des mensualités en taux d'intérêt mensuel ou annuel et vice-versa devient (presque) un jeu d'enfant.

Les **courtiers en crédit** n'accordent pas de prêts par eux-mêmes: ils servent seulement d'intermédiaires entre le client et l'institution financière. Vous trouverez leurs publicités de financement dans les toutes-boîtes. Avec des slogans comme "en toute discrétion" et "crédits pour tous", ils attirent souvent les clients aux prises avec de graves difficultés financières, auxquels les banques ordinaires refusent tout crédit.

Un exemple. Dans une publicité de financement émanant d'un courtier en crédit, vous repérez une offre pour un prêt de 800.000 francs (P), à rembourser en 84 mensualités (n) de 12.483 francs (M). Vous aimeriez voir le coût de ce crédit exprimé en un taux d'intérêt annuel (tia) ou en un taux de chargement mensuel (tcm), afin de pouvoir le comparer avec d'autres offres.

Tout d'abord, calculez le total des intérêts que vous devrez payer si vous acceptez la proposition. Rien de plus facile: il suffit de multiplier le nombre de mensualités (n = 84) par le montant mensuel (M = 12.483 francs), puis d'en déduire la somme prêtée (P = 800.000 francs). Vous obtenez ainsi le montant des intérêts qui vous seront réclamés. Divisez ce montant par la somme prêtée (P = 800.000 francs), puis divisez le résultat par le nombre de mensualités (n = 84). Enfin, pour exprimer ce nombre en pourcentage, multipliez-le par 100. Vous avez ainsi calculé le taux de chargement mensuel.

Soit: $$\frac{[(12.483 \times 84) - 800.000] \times 100}{800.000 \times 84} = 0,37\ \%$$

ou, en général: $$\frac{[(M \times n) - P] \times 100}{P \times n} = \text{tcm}$$

Concrètement, un taux de chargement mensuel de 0,37 pourcent signifie que vous payez chaque mois (0,37 x 800.000) / 100 ou 2.960 francs d'intérêt, en plus de l'amortissement en capital de 9.523 francs (800.000 : 84). Les intérêts s'élèvent donc à peu près à un quart du remboursement total. Autrement dit: en finançant votre achat avec vos propres fonds, vous économisez un quart du prix.

Taux d'intérêt annuel

Si vous voulez convertir le taux de chargement mensuel en un taux d'intérêt annuel, multipliez ce chiffre par 24 x le nombre de mensualités et divisez le résultat par le nombre de mensualités plus un.

Soit: $\frac{0{,}37\% \text{ x } 24 \text{ x } 84}{85} = 8{,}77\%$

ou, en général: $\frac{\text{tcm x } 24 \text{ x n}}{\text{n} + 1} = \text{tia}$

Même si votre algèbre est rudimentaire, vous n'aurez pas de mal à inverser ces formules, afin de convertir, par exemple, un taux d'intérêt annuel en taux de chargement mensuel. Utilisez pour ce faire la formule suivante:

$$\text{tcm} = \frac{\text{tia x (n} + 1)}{24 \text{ x n}}$$

Vous ne connaissez que le taux de chargement mensuel et vous voudriez calculer votre mensualité totale? Procédez comme suit:

$$\text{M} = \frac{\text{tcm x P}}{100} + \frac{\text{P}}{\text{n}}$$

Cette dernière formule est très instructive: dans sa première partie, elle calcule les intérêts à payer chaque mois, la deuxième partie précisant le remboursement mensuel du capital.

> *Ne payez pas de frais supplémentaires!*
> *En principe, tous les frais sont compris dans les chiffres obtenus ci-dessus. Autrement dit, ne vous laissez pas imposer des frais de dossier supplémentaires. Il y a quelques années, certaines institutions de crédit pratiquaient encore des frais de dossier particulièrement élevés, afin de pouvoir afficher des taux d'intérêt calculés au plus juste, et donc très concurrentiels, susceptibles d'éblouir leur clientèle. Mais la loi Claes y a mis bon ordre. Si une société tente quand même de vous imposer des frais de dossier supplémentaires, vous pouvez*

demander au juge l'annulation de votre emprunt. Il vous suffira alors de rembourser le montant emprunté, sans intérêt et indépendamment du délai écoulé depuis la conclusion de l'emprunt.

Conseil n°45
Voiture neuve:

emprunter à la banque ou chez le vendeur?

Pour le crédit automobile, les banques pratiquent en général des taux d'intérêt exceptionnellement bas. Mais il arrive aussi que le garagiste propose lui-même un financement à 0 pourcent, ce qui, à première vue, paraît encore meilleur marché. En accédant à cette offre, toutefois, vous risquez de rater une remise intéressante. Vaut-il donc mieux emprunter à la banque ou chez le vendeur?

0 pourcent d'intérêt ou une remise?

Approfondissons cette question à l'aide d'un exemple. Vous voulez acheter une voiture de 800.000 francs. Le vendeur vous propose de financer ce montant pour vous, à 0 pourcent d'intérêt, pendant 48 mois. En insistant un peu, cependant, vous avez tôt fait de découvrir que, si vous ne faites pas financer votre voiture par le vendeur, vous bénéficierez d'une remise de 10 pourcents. En demandant un crédit à la banque, vous ne devrez donc emprunter que 720.000 francs (800.000 francs moins 80.000 francs de remise). Et, pour un emprunt étalé sur 48 mois, vous entrez en ligne de compte pour un taux de chargement mensuel particulièrement avantageux de 0,26 pourcent (taux d'intérêt annuel de 6,1 pourcents). Des deux, quel est le financement le plus intéressant?
Revenons-en un moment à nos formules du Conseil n° 45. Pour calculer la mensualité totale correspondant à un financement de 720.000 francs, un taux de chargement mensuel de 0,26 pourcent et une durée de 48 mois, nous avions trouvé la formule suivante:

$$M = \frac{tcm \times P}{100} + \frac{P}{n} = 1.872 \text{ francs} + 15.000 \text{ francs} = 16.872 \text{ francs.}$$

Chaque mois, vous devez donc payer 1.872 francs d'intérêt à la banque, en même temps que 15.000 francs pour le remboursement du capital, ce qui donne un remboursement mensuel total de 16.872 francs.
Si vous faites financer la voiture par le vendeur, vous pourriez croire que le montant à débourser chaque mois ne s'élèvera qu'à 16.667 francs, c'est-à-dire 800.000 francs/48 mois, la proposition du garagiste étant dès lors plus intéressante que celle de la banque.

Acompte obligatoire

Mais ce n'est pas tout à fait exact. En faisant financer votre voiture par le vendeur (et il en va de même pour tous les autres achats que vous faites financer par un commerçant), vous vous obligez à verser un acompte de 15 pourcents. Dans notre exemple, vous devez donc allonger 120.000 francs d'entrée de jeu, les 680.000 francs restants étant financés par le vendeur. Le montant de la mensualité est ainsi ramené à 14.167 francs, mais vous devez disposer d'une réserve de 120.000 francs cash. Vous avez cet argent sous la main? Dans ce cas, cette solution est incontestablement la moins chère.

Si vous n'avez pas les 120.000 francs, par contre, rien ne vous empêche de les emprunter à la banque. Mais, en supposant que vous obteniez les mêmes conditions (ce qui ne sera probablement pas le cas, les petites sommes donnant lieu à des taux de chargement mensuels plus élevés que les montants importants), vous devriez payer à la banque 2.812 francs par mois pendant 48 mois. Ajoutez cette mensualité aux 14.167 francs que vous devez rembourser au garagiste et vous obtiendrez un total mensuel – fort peu avantageux! – de 16.979 francs. Si vous ne disposez pas des liquidités nécessaires pour payer l'acompte vous-même, mieux vaut donc vous adresser à la banque pour la totalité du crédit.

Le **leasing** est parfois appelé location-vente, parce que cette formule tient le milieu entre la location et la vente. Vous payez un loyer mensuel à la société de leasing pendant une période déterminée et, après le dernier versement, vous avez le droit d'acquérir définitivement la voiture pour sa valeur résiduelle.

Conseil n°46

Acheter votre nouvelle voiture en leasing: intéressant ou pas?

Quand on ne peut ou ne veut pas payer sa voiture comptant, on contracte généralement un crédit. Mais il existe une autre possibilité: le ***leasing***. Si vous optez pour cette formule, ce n'est pas vous qui achetez le véhicule: vous le faites acheter par une société de leasing. Comme utilisateur, vous le louez ensuite à cette société pendant un certain nombre de mois, généralement 48 ou 60. Et, à l'échéance, vous avez le droit d'acquérir la voiture pour une valeur de rachat avantageuse, habituellement très inférieure à la valeur du marché.

Leasing financier

Cette forme de leasing (ordinairement appelée leasing financier) constitue une alternative au crédit à tempérament ordinaire. Tout comme pour un crédit normal, le preneur de leasing peut choisir lui-même le modèle, les options, la couleur, etc. de la voiture. Il peut même débattre personnellement du prix. C'est seulement lorsqu'il a passé commande et que le moment est venu de payer que la société de leasing entre en scène.

Mais pourquoi quiconque opterait-il pour le leasing si cette formule n'était qu'un financement normal, avec un règlement supplémentaire à la fin? D'autant que le leasing est tout sauf bon marché. Car le loyer mensuel englobe aussi bien le remboursement de la dette que les intérêts qui s'y rattachent. Et, dans la majorité des cas, le taux d'intérêt stipulé dans un contrat de leasing est même légèrement supérieur à celui d'un financement normal.

Les avantages de la formule du leasing se situent ailleurs. Aux indépendants et aux entreprises, le leasing offre un certain nombre d'avantages techniques en matière de TVA, le principal étant que la société de leasing avance la TVA sur la voiture au preneur de leasing. Supposons qu'une entreprise acquiert une voiture. A l'achat, elle doit verser la totalité de la TVA relative à la voiture. Quelques mois plus tard, cependant, elle en récupère 50%, de sorte que ce montant ne doit plus être financé avec le reste. Mais, pendant ces quelques mois, l'entreprise peut être confrontée à un problème de financement. Qui lui avancera le montant de la TVA pendant une si longue période?

Pour résoudre ce problème, l'idéal est de prendre la voiture en leasing. Car, dans ce cas, c'est la société de leasing qui paie la TVA à la place de l'entreprise, laquelle la lui rembourse progressivement, en même temps qu'elle paie ses loyers mensuels. Il s'agit en l'occurrence de montants relativement réduits, qui peuvent être récupérés rapidement.

Mais, pour les particuliers, cet avantage n'en est pas un. C'est pourquoi la plupart des sociétés de leasing ne s'adressent qu'à l'utilisateur professionnel.

Rouler sans soucis

Il y a cependant des exceptions à cette règle. Ainsi les vendeurs de voitures peuvent-ils aussi proposer le leasing comme méthode de financement à leurs clients privés. Mais, dans la plupart des cas, c'est une autre forme de leasing, baptisée leasing opérationnel ou renting (ou encore full leasing, personal lease, etc.), qui assure au client, en plus du simple financement de sa voiture, une vaste gamme de services supplémentaires. Pour un montant mensuel fixe, tous les tracas liés à l'utilisation d'un véhicule – entretien, réparations, véhicule de remplacement en cas d'accident, assurance, taxe de circulation, assistance, taxe radio, etc. – lui sont épargnés. Selon cette formule, toutefois, il ne bénéficie pas d'une option d'achat en finale. Autrement dit, il se contente de louer le véhicule à long terme.

Les services supplémentaires associés au leasing opérationnel sont intégrés forfaitairement dans les factures mensuelles, sur la base d'une estimation préalable du nombre de kilomètres parcourus par an. A la fin de l'année, une facture définitive est établie en fonction des kilomètres réellement couverts. Tout kilomètre non parcouru est remboursé. Tout kilomètre supplémentaire est facturé.

L'avantage d'une formule de leasing opérationnel est que le client n'a jamais de mauvaises surprises. Mais ce service a l'inconvénient d'être coûteux. Pour prendre une VW-Golf diesel, 1,9 l, en leasing opérationnel, par exemple, il faut payer par mois près de 6.000 francs de plus pour les services supplémentaires. Sur un an, ça fait quelque 70.000 francs pour l'entretien, les réparations, le véhicule de remplacement, les taxes et l'assurance. Il faut toutefois préciser qu'une assurance omnium est comprise dans le prix. A part le carburant, vous n'avez plus rien à payer.

Tous les concessionnaires ne proposent pas le leasing opérationnel à leurs clients en quête d'un financement auto. Certains jugent en effet que cette formule est trop coûteuse pour retenir l'attention des particuliers. Mais, si votre plus grand désir est d'éviter les surprises désagréables, cette forme de financement mérite d'être prise en considération. La sécurité aussi a son prix.

- - - *Conseil n°47*
Prêts tous motifs

Peut-être avez-vous déjà parcouru, dans les toutes-boîtes, les publicités de financement des ***courtiers en crédit***. Souvent, elles jouent sur des slogans comme "Prêts tous motifs" ou "Votre banque a dit non? Vous pouvez compter sur nous!" Mais, si vous voulez emprunter à bas prix, mieux vaut ne pas vous laisser séduire. A première vue, pourtant, ces courtiers paraissent parfois aussi bon marché que discrets. Convertissez les mensualités indiquées dans leurs annonces en taux de chargement mensuels (voir Conseil n° 45), et vous obtiendrez souvent un résultat très avantageux. Malheureusement, il y a très peu de chances pour que le courtier en crédit vous consente effectivement de pareilles conditions. Car, pour bénéficier de ces taux bon marché, il faut pouvoir présenter des garanties sérieuses. Ce serait le cas, par exemple, si vous utilisiez l'argent pour acheter une nouvelle voiture, qui servirait, par contrat, de garantie pour le prêt. Ou bien si vous mettiez en gage des bons de caisse de la valeur du montant emprunté. Mais, si vous n'êtes pas en mesure de le faire, votre crédit à tempérament risque de vous coûter beaucoup plus cher que prévu.

Les **courtiers en crédit** n'accordent pas de prêts par eux-mêmes: ils servent seulement d'intermédiaires entre le client et l'institution financière. Vous trouverez leurs publicités de financement dans les toutes-boîtes. Avec des slogans comme "en toute discrétion" et "crédits pour tous", ils attirent souvent les clients aux prises avec de graves difficultés financières, auxquels les banques ordinaires refusent tout crédit.

Sans garantie

A un courtier en crédit, vous pouvez évidemment emprunter de l'argent sans fournir de garantie, et même sans déclarer à quoi vous destinez cette somme. Le slogan "Prêts tous motifs" se vérifie donc – à condition que vous y mettiez le prix. Car l'intérêt mensuel exigé en pareil cas risque d'être le taux d'intérêt maximal autorisé, c'est-à-dire de plusieurs pourcents supérieur aux taux d'intérêt avantageux qui apparaissent dans les situations types de ces publicités. Dans une banque normale, ces taux d'intérêt ne sont pratiquement jamais appliqués. Le revers de la médaille étant qu'une banque refuse souvent ces crédits sans autre forme de procès.

Les taux d'intérêt maximaux autorisés par la loi sont adaptés deux fois par an et publiés au Moniteur Belge. Vous pouvez également les demander à votre banque. En règle générale, ils sont relativement élevés (pour les petits montants, ils peuvent dépasser 20 pourcents, même en tenant compte des taux d'intérêt actuels). Si un courtier en crédit vous compte un intérêt plus élevé que le maximum autorisé, vous pouvez demander au juge l'annulation du prêt.

Il vous suffit alors de rembourser le montant emprunté, sans intérêt et quel que soit le délai écoulé depuis que l'emprunt a été contracté.

Crédits auto bon marché

Il serait faux de prétendre que les courtiers en crédit sont les seuls à faire une distinction entre les prêts dont la destination leur est connue et les "prêts tous motifs". Les banques et les banques d'épargne font de même. Si vous pouvez présenter la facture d'achat d'une nouvelle voiture, vous aurez généralement droit au tarif le plus bas. Un financement pour un autre achat (une véranda, une installation stéréo, etc.) coûte déjà beaucoup plus. Et, si vous ne pouvez ou ne voulez pas montrer de facture, il n'est plus question d'un financement, mais bien d'un prêt personnel soumis au taux le plus élevé.

C'est dire que vous avez tout intérêt à déclarer la destination des fonds que vous empruntez. L'idéal est même de faire mentionner le bien financé dans le contrat et, si possible, de faire verser directement le montant emprunté sur le compte du vendeur. Dans ce cas, vous ne devrez commencer à rembourser par mensualités que lorsque le bien vous aura été livré. Et, si le crédit vous est refusé en dernière minute, vous pourrez vous dégager de vos obligations à l'égard du vendeur.

Conseil n°48

Emprunter pour étudier

Etudier coûte énormément d'argent. Dans l'enseignement secondaire, ce coût est encore limité: d'après une étude réalisée par la Ligue des Familles, une année y coûte en moyenne 15.000 à 20.000 francs par enfant, en fonction du type d'enseignement suivi. Mais, lorsque votre fils ou votre fille entre dans l'enseignement supérieur, les frais ne tardent pas à grimper. Selon la Ligue, pour un étudiant qui fait la navette entre le domicile familial et l'établissement qu'il fréquente, une année d'enseignement supérieur coûte en moyenne 50.000 francs. Et, pour les étudiants qui "kotent", c'est au moins le double. Si votre étudiant est prêt à se contenter d'un kot ordinaire (loyer mensuel: 5.000 francs par mois, à moins que vous n'entriez en ligne de compte pour une chambre d'étudiant à tarif réduit), comptez un minimum de 100.000 francs par an, tout compris. Mais, s'il veut un véritable studio d'étudiant avec coin-cuisine et douche, le loyer peut revenir à 10.000 francs par mois, ce qui porte les frais d'études, pour un étudiant vivant en studio, à plus de 150.000 francs par an.

Prêt étudiant

Si vous ne pouvez pas compter sur une bourse d'études ou si, même avec une bourse, vous ne parvenez pas à supporter les frais de vos études, vous pouvez, pour boucher les trous, contracter un prêt étudiant (accordé seulement pour les études supérieures). A cette fin, la plupart des grandes banques (CGER, Crédit Communal, BBL, BACOB et Générale de Banque) ont mis au point des formules de crédit d'une grande souplesse, à taux très avantageux. Les étudiants étant des clients potentiels, en effet, les banques leur font bon accueil. Un ***crédit étudiants*** classique est accordé sous la forme d'un ***crédit de caisse***. Si un étudiant ouvre un crédit de ce genre, il dispose, sur son compte à vue, d'une réserve dans laquelle il peut puiser en cas de nécessité. La banque ne prélève un intérêt que sur les montants retirés. Cette formule est donc comparable à celle qui consiste à "descendre au-dessous de zéro" sur votre compte à vue. Mais la réserve est évidemment plafonnée, le plafond dépendant de l'année d'étude. A la BBL, par exemple, l'étudiant est autorisé à ouvrir une ligne de crédit de 60.000 francs pour la première année. A chacune des années ultérieures, il peut s'y ajouter 60.000 francs supplémentaires. Les étudiants qui font une spécialisation après avoir obtenu leur diplôme de base peuvent emprunter jusqu'à 500.000 francs. La Générale de Banque, pour sa part, est moins prompte à sauter le pas du crédit: un crédit étudiants (jusqu'à 50.000 francs) n'y est accordé qu'à partir de la deuxième année. Mais, dès la troisième année, il peut s'y ajouter 100.000 francs. La BACOB, la CGER, la Kredietbank et le Crédit Communal proposent également des formules de crédit étudiants similaires, mais avec des plafonds différents.

Un **crédit étudiants** est contracté sous la forme d'un **crédit de caisse**. Vous bénéficiez alors d'une réserve de crédit sur votre compte à vue – autrement dit, vous pouvez descendre "en négatif" jusqu'à une certaine limite. Mais vous ne payez d'intérêt que si vous avez effectivement retiré de l'argent.

Les taux d'intérêt applicables aux crédits étudiants varient d'une banque à l'autre, à tel point que certaines banques imputent jusqu'à 2 pourcents de plus que d'autres. Il est donc recommandé de comparer les taux avant de prendre un crédit, même si un crédit étudiants spécifique est toujours nettement moins coûteux qu'un emprunt ordinaire. Malheureusement, ces taux avantageux ne vous sont accessibles que pendant vos études. Une fois celles-ci terminées, vous avez deux possibilités: ou bien vous remboursez immédiatement le crédit (au Crédit Communal, vous avez jusqu'à six mois après la fin de vos études), ou bien vous convertissez votre dette en un crédit à un taux normal.

Conseil n°49

Des cartes de crédit avec ou sans crédit?

A l'heure actuelle, qui n'a pas quelques cartes en plastique dans son portemonnaie? Une carte Bancontact/Mister Cash est une simple ***carte de paiement***: elle peut être utilisée pour payer, mais pas pour obtenir du crédit. Les cartes Visa, Eurocard/Mastercard, American Express et Diners' Club, par contre, sont des ***cartes de crédit***. Mais les possibilités de crédit qu'elles vous assurent sont généralement très limitées.

Avec une **carte de paiement**, vous pouvez effectuer des paiements. Dans notre pays, la carte de paiement la plus connue est la carte Bancontact/Mister Cash.

Avec une **carte de crédit**, vous pouvez également effectuer des paiements, mais l'argent n'est pas prélevé immédiatement sur votre compte. Tous les paiements d'un même mois sont regroupés et facturés ensemble à date fixe. Vous bénéficiez donc d'un crédit gratuit pendant un maximum d'un mois.
Si vous voulez pouvoir différer le paiement de votre facture mensuelle (nous parlons alors d'une véritable carte de crédit), vous devez demander une carte Visa Citibank ou une carte Diners' Club. Avec toutes les autres cartes de crédit, vous êtes tenu d'acquitter sur-le-champ votre facture mensuelle.

Crédit gratuit

En principe, lorsque vous payez avec une carte Bancontact/Mister Cash, votre argent disparaît immédiatement de votre compte à vue. Mais, dans la pratique, il peut s'écouler un ou deux jours avant que le solde de votre compte soit modifié en conséquence. Par ailleurs, si vous payez avec une carte de crédit, vous bénéficiez d'un délai de paiement. Et ce, à titre gratuit. Tous les achats effectués en l'espace d'un mois sont regroupés et facturés une fois par mois par l'intermédiaire d'un état mensuel des dépenses. Pour vos achats des premiers jours du mois, vous disposez donc de près d'un mois de délai de paiement. Par contre, les achats que vous effectuez peu de temps avant la date de clôture de la facture mensuelle doivent être réglés très rapidement. Juridiquement, toutefois, cette forme de délai de paiement n'est pas considérée comme du crédit. Lorsque vous recevez votre facture mensuelle, vous devez en principe payer immédiatement. La plupart des banques exigent d'ailleurs que la facture soit acquittée au moyen d'un ordre de domiciliation, de sorte qu'il est impossible de différer le paiement.

Or, il ne peut être question de crédit que s'il est possible de surseoir à ce paiement mensuel. Possibilité qui ne vous est offerte qu'avec deux cartes: la carte Diners' Club et la carte Visa Citibank. Si vous possédez une carte Diners' Club, vous pouvez introduire une demande pour ne payer que 10 pourcents du montant (avec un maximum de 100.000 francs) à la réception de la facture. Le reste de la somme peut être repoussé au mois suivant. Dans le jargon des professionnels, on parle alors de "revolving credit". Mais, sur la somme reportée, vous devez évidemment payer un intérêt. La même facilité de paiement est attachée à la carte Visa Citibank.

Paiement immédiat

American Express n'offre pas cette possibilité de crédit. Le paiement immédiat dès réception de la facture y est la règle absolue. Les cartes Visa et Eurocard/Mastercard diffusées par toutes les banques, à l'exception de la Citibank, sont d'ailleurs basées sur le même principe. A ce moment, vous pouvez évidemment faire appel au crédit automatique de votre compte à vue. La plupart des comptes à vue offrent en effet une facilité de crédit allant jusqu'à 49.999 francs. Si le solde de votre compte à vue est insuffisant, vous pouvez donc "descendre dans le rouge" pour acquitter la facture de votre carte de crédit. Mais cette ligne de crédit est dissociée de votre carte de crédit. Dans la plupart des banques, vous ne pouvez pas obtenir une ligne de crédit supplémentaire pour votre carte de crédit.

Pour limiter le crédit possible, la plupart des banques fixent en outre une limite au montant que vous pouvez dépenser chaque mois avec votre carte. Ce montant peut varier de 50.000 à 200.000 francs et, en accord avec le directeur de l'agence, être adapté à votre revenu. Chez American Express et Diners' Club, aucune limite ne vous est imposée. Vous pouvez donc dépenser sans compter – à condition de rembourser.

Conseil n°50

Faire des transformations: au comptant ou avec un emprunt?

Vous avez besoin d'une nouvelle cuisine, votre maison devient trop petite, vous aimeriez bâtir une véranda ensoleillée dans le prolongement de votre séjour? Aucun doute: vous êtes atteint du virus des transformations. Vous avez déjà pris contact avec l'entrepreneur et l'architecte. Mais comment allez-vous financer les travaux? Même si vous avez assez d'argent sur votre compte en banque, vous pouvez avoir intérêt à demander un prêt. Un emprunt hypothécaire peut en effet vous assurer un avantage fiscal non négligeable. Surtout si vous n'en avez pas (ou plus) d'autre en cours.

Récupérer le précompte immobilier

Cet avantage fiscal est triple. Tout d'abord, un emprunt hypothécaire vous permet d'épargner sur votre ***précompte immobilier***. Avec un emprunt hypothécaire, en effet, vous pouvez récupérer une partie de ce précompte immobilier par le biais de votre avertissement-extrait de rôle (ou votre supplément d'impôt sera réduit d'autant). La somme récupérée dépend du montant des intérêts que vous payez sur votre emprunt et du revenu cadastral (R.C.) de votre habitation. Votre épargne exacte est facile à calculer: prenez le plus petit des deux montants (R.C. ou précompte immobilier) et calculez-en 12,5 pourcents. Supposons par exemple que votre habitation a un R.C. (indexé) de 50.000 francs et que vous payez 75.000 francs d'intérêts. Vous devez alors calculer 12,5 pourcents de 50.000 francs (autrement dit 50.000 francs x 0,125), soit 6.250 francs. C'est le montant que vous pourrez soustraire de votre précompte immobilier de cette année-là (ou que vous n'aurez pas à payer en supplément) – bref, le montant imputé sur votre impôt final.

Déduction des intérêts

Si votre habitation a au moins 15 ans et que vous faites exécuter les travaux par un entrepreneur enregistré, les intérêts payés peuvent vous assurer un avantage fiscal supplémentaire. Mais ce n'est possible que si le montant de ces intérêts est supérieur au R.C. de votre habitation, comme c'est le cas dans l'exemple ci-dessus. Dans cet exemple, l'avantage fiscal supplémentaire serait calculé sur un maximum de 25.000 francs, c'est-à-dire sur la différence entre le R.C. de votre habitation et les intérêts payés par vous. Le calcul de cet avantage fiscal dépend de toute une série de facteurs, comme votre revenu, le montant que vous avez emprunté et le nombre d'années qui se sont écoulées depuis la fin des transformations. C'est une opération plutôt

Le **précompte immobilier** est l'impôt que vous payez chaque année sur le revenu cadastral de votre habitation. Un avertissement-extrait de rôle séparé vous est envoyé à cette fin.

compliquée, mais, en respectant les règles suivantes, vous pourrez vous faire une idée de l'importance de l'épargne réalisée.

1. L'avantage fiscal ne peut jamais excéder 44 pourcents du total des intérêts pris en considération pour le calcul. Dans l'exemple ci-dessus, l'avantage fiscal maximal s'élève donc à 25.000 x 0,44 = 11.000 francs. Mais cet avantage maximal ne s'applique qu'aux revenus très élevés (plus de 2,420 millions par an), et seulement pendant les six premières années. Dans la plupart des cas, l'avantage fiscal est donc inférieur. Au cours des six premières années suivant la fin des travaux, l'avantage, pour les revenus moyens, oscille entre 36 et 40 pourcents du montant des intérêts pris en considération pour le calcul.
2. A partir de la septième année après la fin des travaux, l'avantage fiscal diminue systématiquement, pour disparaître totalement à partir de la treizième année.
3. Si vous empruntez plus d'un million pour les transformations, votre avantage fiscal diminue en proportion. Pour un emprunt de deux millions, par exemple, l'économie réalisée est divisée par deux, pour 1,3 million, par 1,3, etc.

Reste le troisième avantage fiscal – et aussi, dans la plupart des cas, le plus important. Le montant de vos remboursements de capital peut également vous assurer une économie d'impôt considérable. Là encore, le calcul de cette économie est très complexe. Mais les règles pratiques suivantes vous donneront une idée de son importance.

1. Le total de vos remboursements de capital sur une année est facile à calculer au moyen du tableau de remboursements de l'emprunt. Ce montant sert de base pour le calcul de votre avantage fiscal. Toutefois, si le montant de vos remboursements de capital est élevé, une partie seulement est prise en considération pour le calcul. Cette partie peut être obtenue comme suit: prenez votre revenu et calculez-en 6 pourcents, puis ajoutez-y 4.950 francs. Ce calcul doit être effectué séparément pour les deux partenaires, les deux totaux étant ensuite additionnés, ce qui vous donne le plafond pour votre ménage. Si ce résultat dépasse 132.000 francs, ce dernier montant constitue pour vous un plafond absolu. A l'égard du fisc, vous ne pouvez donc déclarer comme remboursements de capital que la somme de 132.000 francs, même si, en réalité, vous avez remboursé davantage. Si par exemple le plafond personnel de votre ménage est de 75.000 francs et que vous avez remboursé 80.000 francs de capital, vous pouvez prendre 75.000 francs comme base pour le calcul de votre avantage fiscal.

2. C'est sur le plafond ainsi calculé que vous pouvez déterminer votre économie d'impôt. Si votre ménage a un revenu très élevé (plus de 2,420 millions), cette économie peut atteindre 55 pourcents du montant des remboursements de capital dont vous pouvez tenir compte. Pour les revenus moyens, l'économie oscille généralement entre 45 et 50 pourcents de ce montant. Pour le ménage de notre exemple, qui bénéficie d'un revenu moyen, l'économie pourrait donc atteindre 37.500 francs.
Deux facteurs peuvent réduire le montant de l'économie d'impôt ainsi calculée.
a. Si l'habitation transformée n'est pas votre seule habitation, l'économie d'impôt est calculée au taux d'imposition moyen amélioré (voir aussi Conseils n° 29, 34, 39 et 40). De ce fait, l'économie d'impôt est limitée à 30 à 40 pourcents du montant que vous pouvez introduire comme remboursement de capital.
b. Si vous empruntez plus de 2,2 millions pour les transformations (ce montant peut être augmenté jusqu'à un maximum de 2,859 millions si vous avez des enfants à charge), l'économie diminue proportionnellement. Ainsi, si vous avez emprunté 3 millions alors que vous ne "pouviez" emprunter que 2,2 millions, vous devez multiplier l'économie d'impôt calculée par la fraction 2,2/3.

Un bon guide du contribuable

Pour calculer avec précision l'avantage fiscal applicable dans votre cas, mieux vaut vous armer d'un bon ***guide du contribuable***. Dans notre pays, il existe trois guides sérieux, susceptibles de vous aider. Tous ces calculs vous dépassent? Rien ne vous empêche de demander à votre conseiller fiscal ou à votre agence bancaire de calculer l'avantage fiscal qu'un nouvel emprunt hypothécaire peut vous assurer. Dans nombre de banques, ces conseils fiscaux sont dispensés gratuitement.

Dans notre pays, il existe trois **guides du contribuable** complets et fiables, dont une version actualisée paraît chaque année. Tous trois sont disponibles en librairie. L'Almanach du Contribuable 1997, Editions Standaard, 595 francs. Guide Impôts & Placements 1997, Editions Pelckmans, 695 francs. Guide-Impôts 97, Test-Achats, 495 francs. Envoyé gratuitement aux abonnés à Budget & Droits.

Si vous avez calculé ce que vous pouvez économiser sur vos impôts en contractant un emprunt, vous savez combien cet emprunt vous rapporte fiscalement. Ajoutez à cela les intérêts que vous recevez sur l'épargne que vous pouvez laisser en place parce que vous contractez un crédit. Ce total représente le profit que vous pouvez tirer de l'emprunt. Opposez-y les intérêts dus sur ledit emprunt, et vous saurez si, tout bien considéré, vous avez ou non avantage à emprunter. Inutile de dire que votre décision en sera facilitée d'autant, même si d'autres éléments peuvent entrer en jeu. Ainsi, peut-être préférez-vous ne pas toucher à votre épargne, parce que vous souhaitez garder une poire pour la soif et que vous craignez de ne pas être en mesure de reconstituer un tel montant. C'est un argument en faveur de l'emprunt. A moins que vous ne soyez indifférent à cet aspect de la question et que vous n'ayez aucune envie de contracter un nouvel emprunt, aussitôt après avoir fini de rembourser le précédent. Dans ce cas, vous préférerez sans doute payer vous-même les transformations. Vous n'avez pas à vous laisser gouverner par les chiffres, en faisant fi de vos préférences personnelles. Mais il peut être utile de savoir si, d'un point de vue strictement financier, ces préférences personnelles tiennent la route!

Conseil n°51

En quête d'un impôt hypothécaire: à quoi faire particulièrement attention?

Pour acheter ou construire une maison, vous envisagez peut-être de contracter un emprunt hypothécaire. Mais, dans ce domaine, un prêt n'est pas l'autre. Avant de signer, arrêtez-vous aux points suivants.

Réduction ou ristourne?

Bien entendu, vous allez commencer par comparer les tarifs. Mais sans vous laisser aveugler par les pourcentages, car ceux-ci ne sont pas toujours comparables. La raison en est que certaines banques proposent des ***réductions*** et d'autres des ***ristournes***. Or, tous comptes faits, un système de réduction est plus avantageux qu'un système de ristourne. Car, si vous étudiez le tableau des remboursements pour toute la durée du prêt, vous constaterez qu'au total, vous devez rembourser moins si vous avez emprunté à un taux de 7 pourcents moins 1 pourcent de réduction que si vous avez emprunté à un taux de 7 pourcents moins 1 pourcent de ristourne. La réduction est donc incontestablement plus avantageuse. Malheureusement, les seules banques à appliquer ce système de réduction sont actuellement la Kredietbank, HBK, HSA, la Bank van Roeselare, le Spaarkrediet, la Banque Nagelmackers et Anhyp. Toutes les autres banques belges travaillent avec des ristournes.

Il va de soi que les ristournes ont aussi leurs avantages. Dans ce système, en effet, les remboursements des premières années sont inférieurs à ce qu'ils sont dans un système de réduction. Mais, lors de la première révision des intérêts, vous aurez remboursé beaucoup moins de capital, de sorte

Si vous bénéficiez d'une **réduction** de 1 pourcent sur un intérêt hypothécaire de 7 pourcents, la banque établit le tableau des remboursements sur la base d'un taux d'intérêt de 6 pourcents.

Si vous bénéficiez d'une **ristourne** de 1 pourcent sur un intérêt hypothécaire de 7 pourcents, la banque établit le tableau des remboursements sur la base d'un taux d'intérêt de 7 pourcents, mais retranche ensuite 1 pourcent de la partie intérêts des remboursements. Le remboursement du capital est donc toujours basé sur un taux d'intérêt de 7 pourcents. De ce fait, lors de la première révision des intérêts (ou lors de la suppression de la ristourne), vous avez remboursé une partie moins importante du capital. La conséquence étant que, même avec un emprunt à taux fixe, vos remboursements sont plus élevés.

que, même à taux constant, vous serez confronté à un remboursement plus important quand la ristourne sera supprimée. De ce fait, sur toute la durée du prêt, vous aurez davantage à rembourser.
Mais peut-être ce problème vous est-il indifférent, parce que vous vous attendez à un revenu plus élevé au cours des prochaines années. A vous de choisir: si vous voulez rembourser moins, optez pour une ristourne. Mais, si vous voulez vous en sortir plus avantageusement sur toute la durée du prêt, mieux vaut choisir le système de la réduction. Ne vous contentez donc pas de comparer les pourcentages: demandez toujours le tableau complet des remboursements, afin de voir à quel rythme le capital emprunté décroît, et combien vous devrez rembourser dans l'avenir.
Pour un emprunt à taux d'intérêt variable, toute certitude préalable est évidemment impossible. Mais, si vous demandez à tous les organismes auxquels vous vous adressez de vous établir un tableau, dans l'hypothèse que le taux ne changera pas lors des révisions, vous aurez une bonne base de comparaison.

Assurances obligatoires

Avant de vous accorder votre prêt, votre banquier vous demandera sûrement de contracter une ***assurance de solde restant dû*** et une assurance incendie. Cette exigence n'a rien d'anormal. Pour qui veut bénéficier des avantages fiscaux liés à un emprunt hypothécaire, l'assurance de solde restant dû est même une obligation (voir aussi Conseil n° 50). En règle générale, toutefois, le banquier propose de vous "fournir" immédiatement ces assurances en question. Ne vous hâtez surtout pas d'accepter: vous êtes tout à fait libre de contracter ces assurances où vous voulez. Et, en cherchant un peu, vous en trouverez probablement de moins chères, les banquiers n'étant pas toujours meilleur marché. Résultat: plusieurs milliers de francs de différence sur votre prime. Votre banquier essaie de vous faire croire que vous n'aurez droit à aucune réduction si vous contractez ces assurances chez d'autres? Ne le croyez surtout pas: il ne lui est pas permis de faire dépendre l'octroi de la réduction d'une assurance incendie et de solde restant dû

Avec une **assurance de solde restant dû**, le solde impayé sera entièrement remboursé par la compagnie d'assurances si vous mourez pendant la durée de l'emprunt, et vous ne léguerez donc pas de dettes à vos héritiers. Cette assurance peut être répartie sur les deux partenaires, par exemple une moitié au nom d'un des partenaires et une moitié au nom de l'autre. En pareil cas, le solde impayé sera à moitié remboursé par la compagnie si un des deux partenaires vient à mourir.

contractée dans sa propre institution. Il y a quelques années, la Générale de Banque a été condamnée pour cette pratiquc.

Si vous ne savez pas exactement combien vous êtes en mesure de rembourser, ne vous fiez surtout pas au jugement de votre banquier. Beaucoup de banques ont en effet tendance à accorder des prêts trop importants pour les revenus des emprunteurs. Elles savent en effet par expérience que les gens sont prêts à se saigner aux quatre veines pour respecter leurs obligations en matière de remboursement. Mais c'est au détriment de leur qualité de vie. Essayez d'abord d'estimer vous-même vos possibilités dans ce domaine. Prenez comme point de départ le montant de votre loyer actuel et ajoutez-y la somme qu'il vous est possible d'épargner mensuellement. Tenez compte du fait qu'un logement plus vaste entraîne des frais de chauffage et d'électricité plus importants, ce qui réduit d'autant votre capacité de remboursement. Par ailleurs, peut-être votre famille s'agrandira-t-elle bientôt? D'ici quelques années, vous voudrez avoir des enfants, et vous ou votre partenaire vous mettrez en quête d'un emploi à temps partiel. Autant d'éléments dont vous avez intérêt à tenir compte avant de contracter un emprunt, mais qui laissent la plupart des banquiers indifférents. Qu'est-ce que ça peut bien leur faire, aux banquiers, que vous deviez continuer à travailler, l'un comme l'autre, lorsque les enfants seront là?

Epargne-logement

Certaines banques offrent à leurs clients une réduction sur leur emprunt hypothécaire s'ils bloquent un montant déterminé sur un livret d'épargne pendant une période déterminée. Mais, pour l'emprunteur, cette solution n'a rien d'avantageux. Bloquer votre épargne, c'est vous contraindre à emprunter davantage. Et un livret d'épargne rapporte un intérêt très inférieur à celui que vous payez sur votre emprunt. Vous pouvez évidemment demander à vos parents ou à vos beaux-parents de consentir à bloquer un montant pour vous. Mais ne vaudrait-il pas mieux qu'ils vous prêtent directement ce montant à un taux d'intérêt moyen? Ce système ***d'épargne bloquée*** n'est pas assimilable à celui de l'***épargne-logement***, par lequel vous obtenez une réduction sur ce que vous avez économisé en vue de contracter votre emprunt hypothécaire. Car cette forme d'épargne-logement, quant à elle, est généralement intéressante.

Si vous envisagez d'acheter ou de faire construire un jour votre propre maison, vous avez tout intérêt à opter dès maintenant pour l'**épargne-logement**. La réduction supplémentaire que ce système vous assurera sur un emprunt ultérieur est loin d'être négligeable. Par contre, un système d'**épargne bloquée**, consistant à bloquer une somme sur un livret d'épargne lorsque vous contractez un emprunt, ne présente généralement aucun avantage.

Conseil n°52

Le temps est venu de rembourser votre coûteux emprunt hypothécaire?

Voilà déjà pas mal de temps que les taux du crédit hypothécaire sont bas. Constatation qui n'a rien d'agréable pour ceux qui ont emprunté, il y a des années, à un taux de 9 pourcents ou plus. Mais, à présent, il peut être intéressant de rembourser votre emprunt hypothécaire anticipativement. Pour le solde impayé, vous pourrez alors contracter un nouvel emprunt à un taux inférieur.

Indemnité de remploi

Quand vous remboursez votre emprunt anticipativement, vous devez habituellement payer une **indemnité de remploi**, qui équivaut à 3 ou 6 mois d'intérêts sur le capital non encore remboursé. Pendant cette période, la banque a tout le temps de chercher une nouvelle destination pour ces fonds libérés à l'improviste.

Intéressant, ça peut l'être. Mais il faut savoir que cette opération entraîne toute une série de frais supplémentaires. Avant tout, vous allez devoir payer à votre banque une ***indemnité de remploi***. Indemnité que la banque exige parce qu'elle doit trouver un nouveau placement pour les fonds qu'elle vous avait initialement prêtés et que cela prend du temps. Si vous remboursez l'argent anticipativement, c'est à vous de payer les intérêts pour cette période de transition, afin que la banque puisse chercher en toute tranquillité une nouvelle destination pour les fonds ainsi libérés. Il y a quelques années, il était généralement précisé dans le contrat d'emprunt que cette indemnité de remploi équivalait à six mois d'intérêts, à calculer sur le montant remboursé anticipativement. Mais, depuis que la nouvelle loi sur les emprunts hypothécaires est entrée en vigueur (1er janvier 1995), cette indemnité ne peut plus excéder trois mois d'intérêts. Attention: ce maximum de trois mois n'est valable que pour les contrats conclus depuis 1995. Si vous avez contracté votre emprunt antérieurement, il est possible que vous soyez encore soumis au système des six mois d'intérêts. (En principe, d'autres termes sont également possibles, mais ils ne se présentent que rarement.) Recherchez dans votre contrat d'emprunt combien de mois d'intérêts vous devez payer comme indemnité de remploi et il vous sera facile de calculer le montant exact de cette indemnité. Supposons par exemple que vous avez emprunté à 9 pourcents et que le capital encore à rembourser sur votre emprunt est de 2,5 millions (ce chiffre figure dans votre tableau de remboursements), l'indemnité de remploi s'élève à 112.500 francs (soit (2.500.000 x 0,09) x 6/12) si vous devez payer six mois d'intérêts et à 56.250 francs (soit (2.500.000 x 0;09) x 3/12) si vous devez payer trois mois d'intérêts comme indemnité de remploi.

Par ailleurs, vous risquez de devoir payer des frais pour la ***levée de l'hypothèque*** sur votre ancien emprunt et pour l'***inscription de votre nouvel emprunt***. Et ces frais ne sont pas négligeables. La levée d'une hypothèque peut coûter dans les dix mille francs. Quant aux ***frais d'acte*** pour votre nouvel emprunt, ils dépendent du montant de l'emprunt. Ils sont de quelque 46.000 francs pour un emprunt de 1 million et augmentent ensuite par tranches de 20.000 francs environ par million supplémentaire. Si vous contractez votre nouvel emprunt auprès d'une autre banque, ces frais sont incontournables. Mais, si vous restez fidèle à votre banque, celle-ci peut vous proposer d'appliquer les taux d'intérêt actuels dans le cadre de votre emprunt existant, afin de vous éviter les frais d'une nouvelle inscription, ainsi que les frais pour la levée de votre ancienne hypothèque. Mais vous n'échapperez ni à l'indemnité de remploi ni – en règle générale – aux frais liés à la constitution d'un nouveau dossier (environ 10.000 francs). Sans compter que tous les banquiers ne sont pas favorables à cette solution intermédiaire.

Fiscalement, le remplacement de votre ancien emprunt par un nouveau ne pose aucun problème. Les avantages fiscaux ordinaires sont également valables pour un refinancement, pour autant que le montant du nouvel emprunt ne soit pas supérieur au montant non encore remboursé de l'ancien emprunt.
Au vu de tous ces frais, vous vous interrogez sur l'utilité de remplacer votre ancien emprunt par un nouveau? Rendez-vous à la banque où vous avez contracté votre ancien emprunt et demandez s'il est possible d'obtenir un refinancement sans nouveaux frais d'acte. Si c'est le cas, vous n'avez nul besoin de vous renseigner auprès d'une institution concurrente, même si elle affiche des taux plus bas. Les frais étant plus élevés, en effet, vous devrez toujours rembourser davantage dans une autre banque que dans la vôtre.

Exemple
Si ce n'est pas le cas, additionnez tous les frais supplémentaires et ajoutez ce montant au solde impayé de votre emprunt. Prenons un exemple. Votre solde impayé est de 2,5 millions, et vous devez verser une indemnité de remploi de 112.500 francs, des frais de nouvelle hypothèque de 78.000 francs, 10.000 francs pour la levée de votre ancienne hypothèque et 10.000 francs de frais pour la constitution d'un nouveau dossier. Le montant à refinancer s'élève donc à 2.710.500 francs. Dès lors, vous pouvez vous adresser à dif-

---

Lorsque vous contractez un emprunt hypothécaire, une hypothèque est constituée sur votre habitation. Cela signifie que la banque a le droit de vendre la maison si vous cessez de rembourser l'emprunt. Cette hypothèque doit être enregistrée au registre des hypothèques. Si vous remboursez l'emprunt anticipativement, cette hypothèque est annulée et elle doit être effacée (ou levée) dans le registre des hypothèques. La **levée d'une hypothèque** (tout comme son enregistrement) entraîne des frais.

Si vous contractez un emprunt hypothécaire, celui-ci doit faire l'objet d'une **inscription** chez un notaire. Les **frais d'inscription ou d'acte** englobent les droits d'enregistrement de l'hypothèque au registre des hypothèques et les honoraires du notaire. L'importance de ces frais dépend du montant emprunté férentes banques pour comparer les taux et les remboursements mensuels. Si le nouveau remboursement le plus bas que vous pouvez obtenir est inférieur à votre ancien remboursement, le refinancement est intéressant. Sinon, ne changez rien.

Lors d'un refinancement, veillez à ne pas prolonger la durée de votre emprunt. Si par exemple vous aviez encore 144 mois de remboursement devant vous (vous pouvez retrouver ce chiffre dans votre ancien tableau de remboursements), contractez un nouvel emprunt pour 144 mois. Dans le cas contraire, il vous sera évidemment impossible de comparer vos nouveaux remboursements avec les anciens.

Si vous avez l'intention de comparer les chiffres de différentes banques, demandez à chacune le tableau de remboursements complet pour la totalité de la période considérée (voir aussi Conseil n° 51). Ce tableau vous fournira en effet une quantité d'informations intéressantes. Vous y apprendrez par exemple quel capital il vous restera à rembourser lors de la première révision du taux d'intérêt de votre nouvel emprunt (ou au moment où la réduction ou la ristourne accordées seront supprimées, car, même pour les emprunts à taux constant, elles ne sont pratiquement jamais octroyées pour toute la durée de l'emprunt). Dans les banques qui accordent de véritables réductions (Kredietbank, HSA, Bank van Roeselare, HBK, Spaarkrediet, Anhyp, Citibank et Banque Nagelmackers), le capital impayé diminue plus rapidement que dans les banques qui pratiquent le système de la ristourne. De ce fait, vos remboursements seront plus avantageux, à partir de la première révision des intérêts, dans une banque à réduction que dans une banque à ristourne. L'atout des banques à ristourne étant que, jusqu'à la première révision des intérêts, les remboursements seront moins élevés. Mais ils augmenteront ensuite, à tel point que, sur toute la durée de l'emprunt, vous rembourserez moins avec une réduction qu'avec une ristourne. Tenez-en compte lorsque vous comparerez les taux et les remboursements de différentes banques.

Conseil n°53

Argent bon marché: empruntez sur votre prêt hypothécaire.

Les taux des prêts hypothécaires sont toujours inférieurs à ceux des ***prêts personnels*** et des ***financements***. Malheureusement, vous ne pouvez contracter un emprunt hypothécaire que pour l'achat d'une maison ou d'un terrain sur lesquels la banque peut constituer une hypothèque. Mais, si vous avez déjà un emprunt hypothécaire en cours, il vous est possible d'obtenir un prêt pour d'autres achats aux taux avantageux des emprunts hypothécaires.

Un exemple? Il y a plusieurs années, vous avez emprunté 3 millions pour l'achat de votre maison. Sur ce capital, 750.000 francs ont déjà été remboursés. De ce fait, vous avez la possibilité de réemprunter le montant remboursé de 750.000 francs, aux taux d'intérêt actuels des emprunts hypothécaires et sans nouveaux frais d'acte. Vous n'êtes pas obligé d'utiliser cet argent pour acquérir une autre maison ou un terrain à bâtir: vous pouvez le consacrer à des transformations, à l'achat d'une nouvelle voiture, à un voyage ou à n'importe quel autre projet. Bien entendu, les remboursements de votre emprunt s'accroissent en conséquence. Mais rien ne vous empêche de prolonger la durée de votre emprunt, de manière à ce que vos remboursements n'augmentent pas, ou seulement dans une faible mesure.

Pour savoir quelle somme vous avez déjà remboursée sur le capital emprunté, consultez votre tableau de remboursements ou le dernier des états mensuels envoyés par votre banque. Ou bien posez tout simplement la question à votre banquier: il se fera un plaisir de vous répondre.

Si vous réempruntez le capital remboursé, cet emprunt supplémentaire ne vous donne droit aux avantages fiscaux des emprunts hypothécaires qu'au cas où vous le consacrez à l'acquisition ou à la transformation d'un bien immobilier (voir aussi Conseil n° 50). Si vous utilisez les fonds pour acheter une seconde résidence ou pour faire des transformations à votre habitation, la banque peut vous fournir une attestation fiscale, qui vous donne droit à ces avantages fiscaux. Mais, si vous vous servez de l'argent pour acheter une nouvelle voiture, payer le mariage de votre fille ou partir en voyage, cette attestation vous sera en principe refusée. Les avantages fiscaux de l'emprunt d'origine, par contre, continuent à courir.

Vous pouvez contracter un **financement** pour l'achat d'un bien déterminé, par exemple une voiture, une nouvelle salle à manger ou une véranda. Vous devez alors stipuler la destination de l'argent dans le contrat d'emprunt. En règle générale, vous entrerez alors en ligne de compte pour un taux avantageux.

Si vous utilisez l'argent pour couvrir un déficit personnel (par exemple pour le mariage de vos enfants), vous devez contracter un **prêt personnel**. Dans ce cas, la destination de l'argent ne figure pas dans le contrat, mais les taux sont plus élevés.

Annexe 1: Droits de succession

Le tarif des droits de succession dépend du degré de parenté entre le défunt et l'héritier et de l'importance des avoirs transmis. Le tableau ci-dessous vous permet de déterminer cas par cas le niveau des droits de succession.

Droits de succession (en % de l'héritage)

tranches de l'héritage (en BEF)	en ligne directe (entre parents et enfants) et entre conjoints
jusqu'à 500.000	exonéré
500.001 - 1.000.000	4
1.000.001 - 2.000.000	5
2.000.001 - 4.000.000	7
4.000.001 - 6.000.000	10
6.000.001 - 8.000.000	14
8.000.001 - 10.000.000	18
10.000.001 - 20.000.000	24
à patrtir de -20.000.001	30

Tranches de l'héritage (en BEF)	entre		
	frères et sœurs	oncles ou tantes et neveux ou nièces	d'autres personnes
jusqu'à 500.000	20	25	30
500.001 -1.000.000	25	30	35
1.000.001 -3.000.000	35	40	50
3.000.001 -7.000.000	50	55	65
à partir de 7.000.001	65	70	80

Annexe 2 : Précompte mobilier et taxe boursière

Ces dernières années, le fisc belge n'a pas chômé. En cinq ans, le régime fiscal applicable aux produit d'épargne et d'investissement a été modifié pas moins de quatre fois. Toutes ces modifications vous auraient-elles fait perdre le nord? Dans ce cas, vous trouverez dans le tableau ci-dessous les taux actuels du précompte mobilier et de la taxe boursière.
Pour éviter toute ambiguïté, rappelons que:
- le précompte mobilier est prélevé sur les intérêts et dividendes échus ou, en d'autres termes, sur le rapport de vos avoirs d'épargne;
- la taxe boursière doit être acquittée lors de l'achat (et éventuellement lors de la vente) de produits d'investissement; le montant de la taxe boursière se calcule donc sur la totalité de la somme investie.

Traitement fiscal des produits d'épargne et d'investissement en Belgique

	Précompte mobilier (PM) (sur intérêts et dividendes)	Taxe- boursière
Livret d'épargne	pas de PM sur les premiers 55 000 BEF d'intérêts	–
Compte à terme	15%	–
Compte à haut rendement (plus de 6% d'intérêt)	15%	–
Bon de caisse	15%	A: 0,14% V: –
Bon d'Etat	15%	–
Bon d'assurance	pas de PM si: durée > 8 ans < 8 ans - couverture décès 130% - preneur d'assurance = assuré sinon: 15%	
Emprunt d'Etat	- émis avant le 1/3/90: 25% - émis après le 1/3/90: 15%	A: 0,07% V: 0,07%
Euro-obligations	15%	A: 0,14 ou 0,07% V: 0,07%
Actions (belges)	- actions ordinaires: 25% - actions PR: 15%	A: 0,17% V: 0,17%
SICAV (belges)	- du type distribution: 15%	A: 0,14% V: –
	- du type capitalisation: –	A: 1% V: 0,5%
	- fonds d'une durée < 8 ans: 15% et rendement garanti	A: 0,14% V: –

Traitement fiscal des produits d'épargne et d'investissement en Belgique		
	Précompte mobilier (PM) (sur intérêts et dividendes)	Taxe- boursière
SICAV (luxembourgeoises)	- du type distribution: 25%	{A: 0,14% V: –
	- du type capitalisation: -	{A: 1% V: 0,5%
	- fonds d'une durée < 8 ans: 25% et rendement garanti	{A: 0,14% V: –

A = achat   V = vente

Source: Financieel Economische Tijd

T

V

○ Je souhaite être tenu au courant des ouvrages similaires publiés par les Editions H.B.H.

○ Je souhaite être informé de la parution d'une version nouvelle ou révisée de "L'Argent Futé".

○ Voici mes suggestions pour une nouvelle édition de "L'Argent Futé" ou pour d'autres publications éventuelles.

Nom:

Adresse:

A renvoyer, par la poste ou par fax, à:

Editions H.B.H.
Victor Frislei 53
2900 Schoten
tél: 03/685.09.20
fax: 03/685.09.20